EERSTE EDITIE - Gepubliceerd in 2022

Extra grafisch materiaal van: www.freepik.com
Dank aan: Alekksall, Starline, Pch.vector, Rawpixel.com, Vectorpocket, Dgim-studio, Upklyak, Macrovector, Stockgiu, Pikisuperstar & Freepik.com Designers

Ontdek gratis online spelletjes

Hier verkrijgbaar:

BestActivityBooks.com/FREEGAMES

5 TIPS OM TE BEGINNEN!

1) HOE OP TE LOSSEN

De Puzzels zijn in een Klassiek Formaat:

- Woorden worden verborgen zonder pauzes (geen spaties, streepjes, ...)
- Oriëntatie: Voorwaarts & Achterwaarts, Boven & Beneden of in Diagonaal (kan in beide richtingen)
- Woorden kunnen elkaar overlappen of kruisen

2) ACTIEF LEREN

Naast elk woord is een spatie voorzien om de vertaling te noteren. Om actief te leren vindt u een **WOORDENBOEK** aan het einde van deze editie om uw kennis te controleren en uit te breiden. U kunt elke vertaling opzoeken en opschrijven, de woorden in de puzzel vinden en ze vervolgens aan uw woordenschat toevoegen!

3) TAG JE WOORDEN

Hebt u al geprobeerd een labelsysteem te gebruiken? U zou bijvoorbeeld de woorden die moeilijk te vinden waren kunnen markeren met een kruis, de woorden die u leuk vond met een ster, nieuwe woorden met een driehoek, zeldzame woorden met een ruit enzovoort...

4) ORGANISEER UW LEREN

Wij bieden ook een handig **NOTITIEBOEKJE** aan het eind van deze uitgave. Of u nu op vakantie, op reis of thuis bent, u kunt uw nieuwe kennis gemakkelijk ordenen zonder dat u een tweede notitieboek nodig hebt!

5) AFGESLOTEN?

Ga naar de bonussectie: **FINAAL UITDAGING** om een gratis spel te vinden dat aan het einde van deze editie wordt aangeboden!

Wil je meer leuke en leerzame activiteiten? Het is Snel en Eenvoudig! Een hele collectie spelboeken slechts **één klik verwijderd!**

Vind uw volgende uitdaging bij:

BestActivityBooks.com/MijnVolgendeBoek

Klaar... Start!

Wist u dat er zo'n 7000 verschillende talen in de wereld zijn? Woorden zijn kostbaar.

We houden van talen en hebben hard gewerkt om de boeken van de hoogste kwaliteit voor u te maken. Onze ingrediënten?

Een selectie van onmisbare leerthema's, drie grote plakken plezier, dan voegen we er een lepel moeilijke woorden en een snuifje zeldzame woorden aan toe. We serveren ze met zorg en een maximum aan verrukking, zodat je de beste woordspelletjes kunt oplossen en veel plezier beleeft aan het leren!

Uw feedback is essentieel. U kunt een actieve bijdrage leveren aan het succes van dit boek door een recensie achter te laten. Vertel ons wat u het meest beviel in deze editie!

Hier is een korte link die u naar uw bestelpagina brengt:

BestBooksActivity.com/Recensies50

Bedankt voor uw hulp en veel plezier met het spel!

Linguas Classics

1 - Metingen

```
B B W Z D X P E K J R Z R M R U
L Q J W Q H O R T E M I T N E C
L L A W W T R M O S E P J D T P
D A S S A M T E T F Z C P R Y O
E T R Y H D I T U R O R P Y B L
C A V G H Q L R N P X N U M Y L
I L O B H Q A O I Y A A D X O I
M L L B I E Z L M U G J W I R C
A E U Z L C Z B T O S C I Z T E
L N M D K G E Z T E J F R A E À
E N E N H R H F A I Z G F H M Z
I O M M A R G R T U F Z W E O U
R T B L L M N O N C I A A X L G
Z I R M I S U Q I O I O I P I U
O P N M R I L X P L F L B S H D
C H I L O G R A M M O U J Q C O
```

LARGHEZZA   CHILOMETRO
BYTE   LUNGHEZZA
CENTIMETRO   LITRO
DECIMALE   MASSA
PROFONDITÀ   METRO
PESO   MINUTO
GRAMMO   ONCIA
ALTEZZA   PINTA
POLLICE   TONNELLATA
CHILOGRAMMO   VOLUME

2 - Opwarming van de Aarde

```
A C T C D K L X Z Y O C I T R A
A M A L H H X P Q I O R A E Q S
T I B M E N E R G I A B J M U C
T N L I B R X C T T O J H P U I
E D E S E I J C A A F S P E X E
N U G I Z N A P R D B O S R K N
Z S I R N Y T M R H U P F A N Z
I T S C E H Y A E C Q P C T J I
O R L I U G A S L N P U L U G A
N I A O G P F Y I E T L I R O T
E A Z U E M I K P F F I M E V O
N K I M S T H O J B P V A C E Y
B A O A N E Z E Y T B S D B R L
Y D N N O R U T U F P A T G N E
S L E I C W U S X P Q O A D O N
G E N E R A Z I O N I P L Q O S
```

ATTENZIONE
ARTICO
CRISI
ENERGIA
GAS
DATI
GENERAZIONI
CONSEGUENZE
INDUSTRIA
CLIMA

UMANI
AMBIENTALE
ORA
SVILUPPO
GOVERNO
TEMPERATURE
FUTURO
CAMBIAMENTI
SCIENZIATO
LEGISLAZIONE

3 - Keuken

```
B X C M F G Q S S C F C T K R Z
A X O J T R U P T O O I A X Q T
C H N Z I I N E L L R T Z R H E
C W G M O G Q Z T T C L Z A D N
H G E C S L L I L E H F E M R M
E B L U A I O E N L E O R F S C
T Z A C V A R I E L T R O Z R I
T X T C L C E N L I T N T W I B
E Z O H D C F M U G E O I N C O
Z N R I J O I E I J A D L W E X
K P E A S R R S B K L V L P T A
I U K I R B O T M Z O Y O P T O
S P U G N A G O E O T A B T A J
L Y I N D B I L R Q O S Q H T W
H B Y M D O R O G D I X W R L N
P U A Z S G F T C N C A E H X L
```

TAZZE	MESTOLO
BACCHETTE	VASO
GRIGLIA	RICETTA
BOLLITORE	GREMBIULE
FRIGORIFERO	TOVAGLIOLO
CIOTOLA	SPEZIE
BROCCA	SPUGNA
CUCCHIAI	CIBO
COLTELLI	FORCHETTE
FORNO	CONGELATORE

4 - Boten

```
F M M B K H F Y G D X X F D A Z
M T O A A L I A Y F O G R F N A
J O F T H U U C D P R P A O C T
G Y G E O P M H R C B D C K O T
Z I S L P R E T E M U E S M R E
M C A N O A E W Z A D R O C A R
O C E A N O R A W R H W M H L A
D D K B I J P J N E P S I X U Y
B A R C A A V E L A X J T T M O
Q B W N M C Y K X M R Z T B Q U
E W E K R Z K T Q X R S I O O H
D G O I G G A P I U Q E R Q L U
D O C K U B Y O R E B L A S I U
B O A H P Y A O N D A J M X Q W
H X L A G O K L P D K X Y K I T
N A U T I C O O T T E H G A R T
```

ANCORA
EQUIPAGGIO
BOA
DOCK
ONDE
YACHT
KAYAK
CANOA
MARITTIMO
ALBERO

LAGO
MOTORE
NAUTICO
OCEANO
FIUME
CORDA
TRAGHETTO
ZATTERA
MARE
BARCA A VELA

5 - Chocolade

```
L K C T L K T H O C L X W Q N F
D G M K Q W Q U O X P B R A M A
Q W E T N A D I S S O I T N A D
H S J B R O K R L R L I Z Z Q E
O C A R A M E L L A V N A U U L
C S A D P L D C E M E G U C A I
C A Y M H A W A S O R R B C L Z
O K L K A J O C O R E E C H I I
C D I O R R Z A T A Y D A E T O
I O D T R I O O I L J I R R À S
D L I S S I C Y C T W E A O B O
E C H U L J E E O L U N M I A G
C E C G M K C E T N B T E Z C U
O Q A O Q H K X Q T J E L W O Z
N P R E F E R I T O A W L U Y C
Z D A L W K P E Z W J S O A U L
```

ANTIOSSIDANTE	NOCE DI COCCO
AROMA	QUALITÀ
AMARO	ARACHIDI
CACAO	POLVERE
CALORIE	RICETTA
ESOTICO	GUSTO
PREFERITO	CARAMELLA
DELIZIOSO	ZUCCHERO
INGREDIENTE	BRAMA
CARAMELLO	DOLCE

6 - Gezondheid en Welzijn #2

```
D E O R E P U C E R D Y Z C O L
A I M O T A N A N I Q A W O B C
T L G L T Y P L E S G C L R P O
E M L E L E O O R T S I J P Z C
I A Y E S Z J R G R A T E O O F
D S Z L R T K I I E N E N N O W
F S R A N G I A A S G N O S E P
T A C D F A I O Q S U E I Y M I
T G Z E A T C A N B E G Z M A Q
W G S P I C A F N E A A E U L I
C I L S V I T A M I N A F Y A K
Z O E O D K R I S N G N N S T N
H Y N S S S S X F X U O I U T U
C F R K B H C J Z K S Q K K I N
N U T R I Z I O N E S A N O A C
K J N O F C S T Z S Y T T U S M
```

ALLERGIA
ANATOMIA
SANGUE
CALORIA
DIETA
ENERGIA
GENETICA
PESO
SANO
RECUPERO

IGIENE
INFEZIONE
CORPO
MASSAGGIO
DIGESTIONE
STRESS
VITAMINA
NUTRIZIONE
OSPEDALE
MALATTIA

7 - Tijd

```
B M K F Z B M A N A M I T T E S
M I B E M P C L R K E J R A E X
I L D E E I M S D X Z O F W Q U
A K U C L G N E Y Y Z X A X S X
U I O Z A G K U N H O T S E R P
M E Z U U O J G T D G O M H G F
D A R O N R O I G O I Q G G Z N
S O T C N D I C O N O A T S Q R
Z R M T A L P R D N R O O R J C
R U I A I M E S E A N R R H Q J
G T O I N N E C E D O L O C E S
D U E Y G I A D M U F O L E G L
Y F C A L E N D A R I O O Z S C
I E R I D O P O O C K B G N Q P
H Y N O T T E H O T L B I Q M N
T L F U U K O F L T G T O Y F U
```

GIORNO	MINUTO
DECENNIO	DOMANI
SECOLO	DOPO
IERI	NOTTE
ANNO	MATTINA
ANNUALE	FUTURO
CALENDARIO	ORA
OROLOGIO	OGGI
MESE	PRESTO
MEZZOGIORNO	SETTIMANA

8 - Meditatie

```
A R U T A N M D U F L O P P A I
M T S J B Z O E I E X S R A N P
C E T M U S I C A L D S O C C E
X O N E Z X H L N I G E S E H N
G Z M T N J D Z W C E R P G I S
Z J K P A Z F T M I M V E E A I
C O C Z A L I W R T O A T N R E
F J M D M S E O J À Z Z T T E R
O N O E F Y S K N M I I I I Z I
P O S T U R A I F E O O V L Z P
S I L E N Z I O O O N N A E A W
M O V I M E N T O N I E O Z S I
E N O I Z A R I P S E R B Z P F
G R A T I T U D I N E D Z A A J
A C C E T T A Z I O N E G P B A
S V E G L I O X P U B C F G W M
```

ATTENZIONE	COMPASSIONE
ACCETTAZIONE	MENTALE
RESPIRAZIONE	MUSICA
MOVIMENTO	NATURA
GRATITUDINE	OSSERVAZIONE
EMOZIONI	PROSPETTIVA
PENSIERI	SILENZIO
FELICITÀ	PACE
CHIAREZZA	GENTILEZZA
POSTURA	SVEGLIO

9 - Muziek

```
R P P T W B E D C J D E H H M R
J Q A O W J H H P A C O Y C E E
R I T M I C O M T I R D R D L G
L R D J U E B E Y E Q G H O O I
Y N E O U B X P R E X M F W D S
T E M P O E L A C I S U M P I T
Q H K C R A B A T A L L A B A R
C I X I O N O F O R C I M Y O A
L P B L C T B B O W L X C B P Z
I S Z U A I N O M R A I M M E I
C A N T A N T E P D O Q R E R O
P O E T I C O D M O E N K I A N
M U S I C I S T A U G Y P F C E
S C E R A S I V V O R P M I N O
M U L Y Z I X K E R A T N A C C
T P Z E U R D Q O C I S S A L C
```

ALBUM	MUSICALE
BALLATA	MUSICISTA
ARMONIA	OPERA
IMPROVVISARE	REGISTRAZIONE
STRUMENTO	POETICO
CLASSICO	RITMO
CORO	RITMICO
LIRICO	TEMPO
MELODIA	CANTANTE
MICROFONO	CANTARE

10 - Vogels

```
O  B  C  I  Q  M  G  G  L  L  S  X  N  A  A  E
C  I  G  N  O  T  A  U  H  U  P  S  D  I  K  H
C  M  B  N  P  B  R  C  M  R  O  X  L  R  Z  J
E  U  P  Q  O  F  T  Y  Z  I  Z  V  H  O  A  M
C  A  C  O  C  L  A  F  K  W  L  E  O  N  B  T
R  Z  P  U  L  E  N  O  V  A  P  Q  D  E  C  U
Q  R  I  O  L  L  A  G  A  P  P  A  P  Z  Q  C
S  C  C  P  G  O  O  G  A  B  B  I  A  N  O  A
G  P  C  E  I  J  N  Q  N  O  W  I  G  X  G  N
U  I  I  L  T  N  G  W  G  M  S  G  N  B  J  O
F  N  O  L  Y  U  Z  Q  O  R  E  S  S  A  P  D
O  G  N  I  F  E  N  I  C  O  T  T  E  R  O  C
C  U  E  C  W  W  E  W  I  S  T  R  U  Z  Z  O
Q  I  W  A  M  D  O  F  C  M  L  A  O  Q  X  T
N  N  D  N  P  C  F  K  P  D  K  L  R  N  M  L
N  O  P  O  K  I  O  S  O  C  L  C  N  K  K  I
```

PICCIONE
ANATRA
UOVO
FENICOTTERO
OCA
FALCO
POLLO
CUCULO
GABBIANO
PASSERO

CICOGNA
PAPPAGALLO
PAVONE
PELLICANO
PINGUINO
AIRONE
STRUZZO
TUCANO
GUFO
CIGNO

11 - Universum

```
L O N G I T U D I N E O O C B D
Z T N B W P J I B M D H L I U P
I O C I M S O C N G Z A N E I I
V A D B T U Y A T I B R O L O B
E I L I Q T W G E E L E U O Q T
A S S I A A N U L Q Y F E F R B
W S F I Y C Y B E U J S N A A O
S A T R B T O O S A F O I E S R
L L N R Z I W J C T B M D B T I
F A Y I O W L D O O M T U A Z Z
D G C U I N W E P R M A T B M Z
T E L R U Y O Q I E U N I O H O
U R F U A E O M O N O R T S A N
E M I S F E R O I J C A A U B T
S O L S T I Z I O A Z X L D X E
A S T E R O I D E R A L O S D P
```

ASTEROIDE	CIELO
ASTRONOMIA	ORIZZONTE
ASTRONOMO	COSMICO
ATMOSFERA	LONGITUDINE
ORBITA	LUNA
LATITUDINE	GALASSIA
ZODIACO	TELESCOPIO
BUIO	VISIBILE
EQUATORE	SOLARE
EMISFERO	SOLSTIZIO

12 - Wiskunde

```
R Z Y E Z P E R D F K O G C T J
Q R P R M Y E E I R A U X B R I
Z M J A J D D T V A J G B P I J
X W A C G N M T I Z O E W Q A E
N K B W O U E A S I R O P L N S
O N A O Z F Q N I O T M K F G P
R O Z E I K U G O N E E B N O O
T A M M O S A O N E M T Q J L N
E I G U R N Z L E C A R B W O E
M R H G Z X I O K J I I U L B N
I T U T I G O T A R D A U Q I T
R E E B X O N O G I L O P M I E
E M U L O V E P A R A L L E L O
P M A R I T M E T I C A M E K F
C I L O G N A S F E R A T M M W
Y S D E C I M A L E A G W E T B
```

SFERA
DECIMALE
DIAMETRO
DIVISIONE
TRIANGOLO
ESPONENTE
FRAZIONE
GEOMETRIA
ANGOLI
PERIMETRO

PARALLELO
RETTANGOLO
ARITMETICA
SOMMA
RAGGIO
SIMMETRIA
POLIGONO
EQUAZIONE
QUADRATO
VOLUME

13 - Gezondheid en Welzijn #1

```
I W O X R M U B I N M Y T F R Y
H C O Q A R E R N A Z L G R I E
L R I L A S S A M E N T O A F T
G E M A F I B V C N O S P T L E
K L S O O X T I E I T Q Z T E R
Q L I I R F I R O D N D Y U S A
B E W U O M L U F U E I R R S P
D P C A B N O S D T M G L A O I
A T T I V O E N O I A B Y C M A
M U S C O L I Y I B T A R L E N
W J S A Z Z E T L A T T U E D I
S F T M I A D L C S A T G J I C
W S S R E H H Q P U R E U S C I
G B Y A T S D U F N T R B X O D
H C P F S O F K I A M I E H O E
G G C K R B N E R V I R W H W M
```

ATTIVO
FARMACIA
BATTERI
TRATTAMENTO
FRATTURA
MEDICO
ABITUDINE
FAME
ALTEZZA
ORMONI

PELLE
CLINICA
LESIONE
MEDICINA
RILASSAMENTO
RIFLESSO
MUSCOLI
TERAPIA
VIRUS
NERVI

14 - Camping

```
M  H  A  U  A  I  A  I  C  C  A  C  B  L  D  C
O  O  V  X  Q  T  S  N  K  G  I  Q  T  K  H  A
N  A  V  A  Y  P  N  A  I  P  T  Y  D  M  Y  P
T  D  E  Q  F  P  T  A  O  M  F  C  Q  D  N  P
A  W  N  A  L  L  G  F  G  W  A  J  Y  Y  S  E
G  J  T  E  S  B  A  C  A  M  A  L  L  S  I  L
N  Z  U  N  H  F  P  N  L  U  N  A  I  K  J  L
A  T  R  D  U  U  P  A  T  C  A  B  I  N  A  O
B  I  A  T  Y  O  A  D  N  E  T  G  J  J  T  Z
U  H  Y  M  W  C  M  B  L  I  R  P  H  G  S  G
S  K  U  M  L  O  C  O  R  D  A  N  S  L  E  J
S  A  L  B  E  R  I  U  D  Y  H  G  A  Q  R  Y
O  H  C  A  N  O  A  I  N  S  E  T  T  O  O  B
L  X  H  W  S  Y  A  F  W  K  E  S  O  T  F  O
A  R  U  T  A  N  R  M  N  F  J  W  X  H  L  L
H  A  C  H  W  H  E  T  I  J  P  S  H  J  R  F
```

AVVENTURA	CACCIA
MONTAGNA	MAPPA
ALBERI	CANOA
FORESTA	BUSSOLA
FUOCO	LANTERNA
CABINA	LUNA
ANIMALI	LAGO
AMACA	NATURA
CAPPELLO	TENDA
INSETTO	CORDA

15 - Algebra

```
H G P C D H X O F L U F B Q S D
C O M Y X E R N R I D A M M O S
K P W O E L À X A N A L H K L S
I N F I N I T O Z E F S J N U W
D G O S K B I M I A A O W W Z T
I T U E J A T T O R T W U Y I B
A M D T P I N Z N E T Q W T O N
G O X N Y R A U E S O R E Z N P
R D T E T A U D S K R A O J E X
A R O R L V Q C A M E L B O R P
M G R A F I C O M A T R I C E D
M Y R P S O T T R A Z I O N E S
A L U M R O F E Q U A Z I O N E
W E S P O N E N T E G L G R M L
S E M P L I F I C A R E W P Y Z
G I O L X C H A L I T B X K O C
```

SOTTRAZIONE
DIAGRAMMA
ESPONENTE
FATTORE
FORMULA
FRAZIONE
GRAFICO
PARENTESI
QUANTITÀ
LINEARE

MATRICE
ZERO
INFINITO
SOLUZIONE
PROBLEMA
SOMMA
FALSO
VARIABILE
SEMPLIFICARE
EQUAZIONE

16 - Activiteiten

```
A K N B I M C N S H B B A J U R
Q H T B G B K E T R A Q I O U I
C L M Q K W O L R G X B B K F L
P I T T U R A Z S A I C C A C A
C R C C M K O Z J C M C W R D S
A I N O I S R U C S E I E T J S
M Y B T J T P W E J P C H K A A
P C O R E B I L O P M E T A B M
E D U N À B X À Q M F E M Q S E
G A U C T B G A T W W Z K N S N
G N Y O I G G A N I D R A I G T
I Z H R L R C U A F V J S U Q O
O A D R I T E R E C A I P Y Q G
A M B W B L E T T U R A T Y F O
T O O T A N A I G I T R A T N A
F O T O G R A F I A M A G I A I
```

ATTIVITÀ

ARTIGIANATO

DANZA

FOTOGRAFIA

PESCA

CACCIA

CAMPEGGIO

CERAMICA

ARTE

LETTURA

MAGIA

CUCIRE

RILASSAMENTO

PIACERE

PUZZLE

PITTURA

GIARDINAGGIO

ABILITÀ

TEMPO LIBERO

ESCURSIONI

17 - Vormen

```
P W S O F W N Z O D A M S I R P
O Y F C G Z W N P X V R C J C P
L U E L O B R E P I R Z C S I Y
I X R Y B N B M X F U C A O R I
G B A C U S D W U J C O P I E B
O O N O C J B K Q A E S A H T T
N R O T A R D A U Q O W R C T Z
O D B A U I D H Y F P J O R A E
C I O L O G N A E N I L T E N Z
O I W O I E H B L L R Z O C G O
G X L N M T Q R Z S A X N J O F
T H R I Y N N T F S M V D Z L L
M R X H N Q W W E S I K O U O M
Y E Q L U D D E C R D K S Q B J
R M G N J F R F R P E K P O L D
H S I Q R N Z O L O G N A I R T
```

SFERA
ARCO
CILINDRO
CERCHIO
CURVA
TRIANGOLO
ANGOLO
IPERBOLE
LATO
CONO

CUBO
LINEA
OVALE
PIRAMIDE
PRISMA
BORDI
RETTANGOLO
ROTONDO
POLIGONO
QUADRATO

18 - Diplomatie

```
S E L A O F I Y G D I A D E C C
I N Q N L Q Z K O I N M I T D O
P O L I T I C A V P T B S I S N
T I E U F Q A I E L E A C C O F
R Z R U D J M Z R O G S U A L L
A U E B E K B I N M R C S S U I
T L I B T X A T O A I I S O Z T
T O L N W B S S R T T A I C I T
A S G W I P C U Z I À T O I O O
T I I I L S I I T C T O N T N N
O R S Z J U A G J O I R E T E D
L I N G U E T W G O N E C A Y Y
P X O J B D A P O K U G B D Z N
J S C D J O C J Z I M Z G I P S
M E N O I Z A R E P O O C N X P
U M A N I T A R I O C T D I A E
```

CONSIGLIERE
AMBASCIATA
AMBASCIATORE
CITTADINI
CONFLITTO
DIPLOMATICO
DISCUSSIONE
ETICA
COMUNITÀ
GIUSTIZIA

UMANITARIO
INTEGRITÀ
SOLUZIONE
POLITICA
GOVERNO
RISOLUZIONE
COOPERAZIONE
LINGUE
TRATTATO

19 - Astronomie

```
C  C  S  C  A  S  T  E  R  O  I  D  E  O  G  D
O  O  I  T  O  U  N  I  V  E  R  S  O  H  R  D
S  M  P  H  E  S  Y  Y  N  D  B  O  H  P  A  F
T  E  D  P  J  L  M  B  E  G  A  I  E  G  V  E
E  T  R  B  H  M  L  O  B  S  D  R  A  Q  I  A
L  A  N  U  N  K  Z  A  U  N  R  O  A  W  T  O
L  P  I  A  N  E  T  A  L  Z  K  T  R  Z  À  I
A  R  O  E  T  E  M  X  O  X  Z  A  R  T  Z  Z
Z  C  X  A  J  K  P  N  S  M  D  V  E  A  G  O
I  B  X  Q  T  A  T  U  A  N  O  R  T  S  A  N
O  A  R  X  S  J  E  T  I  L  L  E  T  A  S  I
N  A  S  T  R  O  N  O  M  O  P  S  D  R  B  U
E  N  O  I  Z  A  I  D  A  R  B  S  E  R  G  Q
T  E  L  E  S  C  O  P  I  O  Z  O  L  L  R  E
X  J  Z  G  S  K  P  B  H  P  C  R  Z  F  S  L
Q  L  L  W  G  K  K  L  U  N  A  H  Z  E  W  D
```

TERRA	OSSERVATORIO
ASTEROIDE	PIANETA
ASTRONAUTA	RAZZO
ASTRONOMO	SATELLITE
EQUINOZIO	STELLA
COMETA	COSTELLAZIONE
COSMO	RADIAZIONE
LUNA	TELESCOPIO
METEORA	UNIVERSO
NEBULOSA	GRAVITÀ

20 - Emoties

```
A Z I Q O A P Q W Y G S B N N E
P U P F J M Y A M L A C O O K C
K F Z K B O P E C O R M S T G C
N O U F O R B J T E Y M G U G I
O T A R G E O S O T Q Q G N À T
I T M B E A T I T U D I N E T A
A J Z C F M A B T T G G S T I T
T R I S T E Z Z A E E S I N L O
S C S B J D Z Q F N N O R O L C
I I T D Y X A T S E T R W C I X
N H M Z L Y R B I R I P K E U A
W G P P L T A M D E L R S Z Q T
F S I O A M B H D Z E E R Y N N
W X R N M T M I O Z Z S B U A B
R A B B I A I C S A Z A U E R J
N F L B E J Q A R U A P I Q T Z
```

PAURA
IMBARAZZATO
GRATO
TRISTEZZA
BEATITUDINE
CONTENUTO
CALMA
AMORE
ECCITATO
TRANQUILLITÀ

SIMPATIA
TENEREZZA
SODDISFATTO
SORPRESA
NOIA
PACE
GIOIA
GENTILEZZA
RABBIA

21 - Vakantie #2

```
N R T B F C M T P Y E P H C I E
Q H Z T H Z I X A G N R Z L D W
U X G L P Y U O I X O E Z F B Q
V I S T O A R M M J I N B H P J
R I S T O R A N T E Z O Y C Q Z
C A M P E G G I O M A T O O I Y
S S P F T E N D A L N A L O S I
M T T R E N O G P Y I Z E T A V
N A R R E N Y K P S T I T R E I
C B R A G J Z J A P S O O O R A
J C F E N B Y B M I E N H P O G
W Q C Z B I B O A A D I W S P G
H M D C D T E E B G O Z P A O I
V A C A N Z A R O G X F N R R O
U F U U H W I X O I O T Z T T R
F Y U Z O T R O P A S S A P O I
```

DESTINAZIONE	RISTORANTE
STRANIERO	SPIAGGIA
ISOLA	TAXI
HOTEL	TENDA
MAPPA	TRENO
CAMPEGGIO	VACANZA
AEROPORTO	TRASPORTO
PASSAPORTO	VISTO
VIAGGIO	MARE
PRENOTAZIONI	

22 - Eten #2

```
C S G A J I K W J L X B U P M G
U T U A T Y E J B F Y Y T M C B
O G A R A P S A C S E P Z W O F
V Q X T E N A P O R O D O M O P
O P Z K Q C P S L W Z U A R I H
B A N A N A S R L O Z A G Z G L
Y V X M D E F E O M B K R S G J
O U B G E L P L P S A L A D A E
W U B P I L X D N N C F N P M Z
B A N A N A A Z Y Y T I O O R F
N L O R I S O N I I A W U E O M
Y E Y O G U R T Z B Q I N T F G
O M T A L R O D N A M K L P T L
B R O C C O L O P C N G M Q H O
G N F Z X E R D C I P A A P M X
H L T P C H A C N C A E L U Q A
```

MANDORLA	PROSCIUTTO
ANANAS	FORMAGGIO
MELA	POLLO
ASPARAGO	KIWI
MELANZANA	PESCA
BANANA	RISO
BROCCOLO	GRANO
PANE	POMODORO
UVA	PESCE
UOVO	YOGURT

23 - Restaurant #1

```
P A Q L Y P A N E T N R O B I C
P C A M E R I E R A Z L B T N D
M R O M T T J D Y N E U Z K G N
R D E N I H M O Z P M S B P R C
S A N N Z H C B A Q S A D K E N
U A R S O M E N Ù D F L B P D E
T L A È L T A W T H A S X I I C
R O C F L I A L O C X A M C E A
E T V F O U C Z L A G K D C N S
S O Q A P Y Q U I E D B K A T S
S I Z C G F W S J O R Q H N I I
E C F B L L Y F C Z N G D T M E
D N E W A N I C U C Y E I E K R
E O L L E T L O C L D Z H A I E
M A N G I A R E L H U X T B P E
C E X Z U M E R Q O T T A I P U
```

ALLERGIA
PIATTO
PANE
MANGIARE
INGREDIENTI
CASSIERE
CUCINA
POLLO
CAFFÈ
CIOTOLA

MENÙ
COLTELLO
PICCANTE
PRENOTAZIONE
SALSA
CAMERIERA
TOVAGLIOLO
DESSERT
CARNE
CIBO

24 - Geologie

```
S  M  Z  C  T  Y  J  L  A  V  A  W  X  T  R  D
Y  T  C  Z  J  Y  S  Y  N  C  W  X  O  S  F  N
G  O  R  N  Z  T  M  S  O  L  L  A  R  O  C  C
C  H  E  A  B  W  Q  P  Z  A  Y  P  F  T  F  M
O  O  S  M  T  E  R  O  S  I  O  N  E  O  O  Z
F  L  Y  W  R  O  A  C  I  D  O  I  C  M  S  A
O  U  E  T  N  E  N  I  T  N  O  C  A  E  S  L
X  Q  G  O  U  T  H  A  R  D  Z  R  V  R  I  T
W  P  W  F  W  I  Y  Q  C  Q  R  U  E  R  L  O
U  C  T  U  S  T  O  I  C  L  A  C  R  E  E  P
N  I  L  L  A  T  S  I  R  C  U  L  N  T  T  I
I  K  H  T  I  A  K  Z  F  Z  Q  V  A  B  K  A
H  E  S  H  R  L  K  F  F  P  I  E  T  R  A  N
Q  R  S  P  H  A  X  D  U  O  J  L  Q  G  A  O
E  D  X  S  Z  T  D  Y  S  O  X  A  R  L  W  L
C  C  G  R  T  S  Z  J  O  K  F  S  L  I  Z  Y
```

TERREMOTO	QUARZO
CALCIO	STRATO
CONTINENTE	LAVA
EROSIONE	ALTOPIANO
FOSSILE	STALATTITE
GEYSER	PIETRA
FUSO	VULCANO
CAVERNA	ZONA
CORALLO	SALE
CRISTALLI	ACIDO

25 - Specerijen

```
C Z E N Z E R O C W C F C F A C
C A I L G I N A V X U D A I R C
P L R Z D I U Q U F R C N E P G
O L O D N A I R O C R U N N A Q
B O S G A J D C Q P Y M E O P G
Z P Z A G M R I Y F G I L G R T
Y I O R L R O R A M A N L R I A
O C I K T E N M W Q Q O A E K Z
B P A O A X A E O E Y I M C A Q
D A X K K N R H O R Y H B O L Q
S P E P E J E C I N A C Q S B T
A G L I O W F C E R A C F I R B
X Q A K W C F L L K A O L G W U
O G U S T O A H D O S N W F I B
O Y J Z X M Z U C W D I I J N U
N O C E M O S C A T A F B R O I
```

ANICE
AMARO
FIENO GRECO
ZENZERO
CANNELLA
CARDAMOMO
CURRY
AGLIO
CUMINO
CORIANDOLO

NOCE MOSCATA
PAPRIKA
PEPE
ZAFFERANO
GUSTO
CIPOLLA
VANIGLIA
FINOCCHIO
DOLCE
SALE

26 - Groenten

```
T Q X A O B R H Q N Z P O S C Z
Y N O O D L R A Z U C C A Z A T
P I S E L L O O P M G P R E R N
G C G U E S I S C A C Q D N O P
S I Y C A U L K I C G J X Z T R
O P B Z T J G O R Z O W U E A E
T O F J O N A D E S Z L S R M Z
A L O A C E T R I O L O O O E Z
E L C S T Q H M H Q G Z F P L E
F A M P R A V A N E L L O O A M
U O X I U V L Q Y H R A I M N O
N U K N P I W A Q P I M C O Z L
G E L A K L M U S N U Z R D A O
O K C C F O P C I N D F A O N M
M T H I O J M C O L I Y C R A P
C G P S C A L O G N O J D O A O
```

CARCIOFO
MELANZANA
BROCCOLO
PISELLO
ZENZERO
AGLIO
CETRIOLO
OLIVA
FUNGO
PREZZEMOLO

ZUCCA
RAPA
RAVANELLO
INSALATA
SEDANO
SCALOGNO
SPINACI
POMODORO
CIPOLLA
CAROTA

27 - Archeologie

```
O R E T S I M N T F Q S V F E I
S J F G I K P Y E O E C A R M E
S Q X Y C C R Z M S S O L I B E
A W G N X I L L P S P N U S T A
R T A S E D V Y I I E O T U O N
E R W J X R K I O L R S A L M T
I T T E G G O A L E T C Z T B I
F R A M M E N T I T O I I A A C
S Q U A D R A R A J À U O T M H
U D D A K U O L E C R T N I E I
C Z T I C Q Z K P L R O E E G T
P I E J A K G E A I I E C J O À
D I S C E N D E N T E Q C T B L
D I M E N T I C A T O E U I H P
I A J F N A K G K B O W F I R N
X N N E O K X A I S I L A N A P
```

ANALISI	DISCENDENTE
CIVILTÀ	OGGETTI
RISULTATI	SCONOSCIUTO
OSSA	RICERCATORE
ESPERTO	ANTICHITÀ
VALUTAZIONE	RELIQUIA
FOSSILE	SQUADRA
FRAMMENTI	TEMPIO
TOMBA	ERA
MISTERO	DIMENTICATO

28 - Dans

```
C W S M T C U L T U R A C O P D
A O D A M R Y O T N E M I V O M
C N R G L M A I Z A R G K F S O
C G P E H T B D K Y L K C C T K
A A I T O Y O C I S S A L C U C
D P C R M G P R Q Z S C Y G R M
E M U A T N R J F R I L B U A O
M O L V I S O A C S Y O E H C V
I C T O R R C Y F N O S N T H I
A Y U R C R K R A I L O O A R S
M P R P G M E D H Y A I I Z L S
X O A R C F E W S Q Z O Z B F E
L D L E T E R A T Y N I O R A R
R Z E M U S I C A O X G M N H P
I D L N S W J Z C Y R E E N D S
J H J J T V I S I V O I W C S E
```

ACCADEMIA	CLASSICO
MOVIMENTO	ARTE
GIOIOSO	CORPO
COREOGRAFIA	MUSICA
CULTURALE	COMPAGNO
CULTURA	PROVA
EMOZIONE	RITMO
ESPRESSIVO	SALTO
GRAZIA	TRADIZIONALE
POSTURA	VISIVO

29 - Ziekte

```
F K N N E R E D I T A R I O R I
S A L U T E B M C O C F E A E N
B S M W L B C F O X R P R O S F
R S Q I K A À D R T O N E S P I
W O H R R T T N P Z N I N O I A
I A I Z T T I E O E I H O I R M
N M P X K E N I R L C T I G A M
S E Q I N R U G D A O O G A T A
B I U N S I M R E N P C I T O Z
L I N R R C M E B I E I R N R I
Q O U D O O I L O M W T A O I O
Y R B S R P Q L L O N E U C O N
C U O R E O A A E D K N G Z H E
T Q O H B P M T T D M E D I T X
N U E P K Y O E I A C G X M J N
Z C E L U Y R E L A Z O K T Q J
```

RESPIRATORIO	SALUTE
ALLERGIE	CUORE
BATTERICO	IMMUNITÀ
CONTAGIOSO	CORPO
OSSA	NEUROPATIA
ADDOMINALE	INFIAMMAZIONE
CRONICO	SENO
EREDITARIO	SINDROME
GENETICO	TERAPIA
GUARIGIONE	DEBOLE

30 - Mythologie

```
C  T  E  S  S  F  K  S  Z  W  Q  O  E  C  L  E
O  D  T  Y  D  A  U  Y  W  H  W  C  R  U  E  Q
M  S  D  H  C  A  L  L  R  S  G  T  O  L  G  Q
P  P  S  I  K  J  D  Q  M  J  I  J  E  T  G  C
O  N  E  R  R  Z  P  S  J  I  W  A  Y  U  E  R
R  O  R  T  S  A  S  I  D  S  N  U  I  R  N  E
T  N  O  T  N  I  R  I  B  A  L  E  J  A  D  A
A  O  I  À  T  I  L  A  T  R  O  M  M  I  A  T
M  U  N  T  O  Q  J  O  R  T  S  O  M  D  T  U
E  T  A  I  S  O  L  E  G  C  F  O  R  Z  A  R
N  E  N  O  I  Z  A  E  R  C  H  S  R  A  M  A
T  H  X  O  D  L  M  M  A  T  T  E  D  N  E  V
O  L  U  G  A  M  O  R  T  A  L  E  T  T  E  C
C  E  H  K  R  X  J  H  G  C  O  S  L  I  R  F
F  X  N  U  A  G  U  E  R  R  I  E  R  O  P  Z
O  R  P  F  P  H  Y  C  D  F  S  E  G  H  X  O
```

ARCHETIPO	GELOSIA
FULMINE	FORZA
CREAZIONE	GUERRIERO
CULTURA	LEGGENDA
TUONO	MOSTRO
LABIRINTO	IMMORTALITÀ
COMPORTAMENTO	DISASTRO
EROE	MORTALE
EROINA	CREATURA
PARADISO	VENDETTA

31 - Eten #1

```
T K L Y G A U E B O H I T E K J
A R A C H I D I G T Y Z A G E Z
A P K S F Q S H O W G H E R W O
O K J D M S F G Y B P B Y F O R
F F A A G L I O D Q X I P T L Z
C A R N E I S B A S I L I C O O
C E T T A L N U L I M O N E R N
A C S O K B A S C B I W P L E N
N I E Q R T D J A C O B T Q H O
N P N E Y A Y K S L O P J X C T
E O I A M Z C T O Z A Y C B C P
L L M F R A G O L A R T B L U S
L L A P Y D F K K P E L A S Z H
A A N A L A H P G S P I N A C I
E X A L B I C O C C A H T C B Y
L C I N M N W I A H O P J A E K
```

FRAGOLA
ALBICOCCA
BASILICO
LIMONE
ORZO
CANNELLA
AGLIO
LATTE
PERA
ARACHIDI

INSALATA
SUCCO
MINESTRA
SPINACI
ZUCCHERO
TONNO
CIPOLLA
CARNE
CAROTA
SALE

32 - Avontuur

```
F P H J J M I D J D H G B S C D
F M B L N B L O X G O N E F O I
P R E P A R A Z I O N E L I R F
E P N X G A U B G S Q F L D A F
S E O Q D I M T D A I C E E G I
C R I S Z K O I H C D E Z C G C
U I Z W Q U N I C W C Z Z O I O
R C A J I E H A A I A L A M O L
S O G Y P X T L R F H Y S S T T
I L I V I A G G I U P E T A S À
O O V N U O V O A T T I V I T À
N S A S I C U R E Z Z A Y S Y Q
E O N X F S M O L M P B N U C L
S O R P R E N D E N T E I T K G
L Z U E I N S O L I T O R N U F
D E S T I N A Z I O N E C E B H
```

ATTIVITÀ
DESTINAZIONE
ENTUSIASMO
ESCURSIONE
PERICOLOSO
CASO
CORAGGIO
DIFFICOLTÀ
NATURA
NAVIGAZIONE

NUOVO
INSOLITO
VIAGGI
BELLEZZA
SFIDE
SICUREZZA
SORPRENDENTE
PREPARAZIONE
GIOIA
AMICI

33 - Restaurant #2

```
D W M X Y C X H V E R D U R E D
K Q C M A E Y F A D N A V E B E
T O R T A N U M P F N X C A C L
S N Y W V A N W E A T T U R F I
E I R S O M M W R T S C C T L Z
D K L X U S M C I T P A C S F I
I X S H I A X X T E M H E U O
A T A L A S N I I H Z E I N H S
H J P M A Y I U V C I R A I U O
W B X F Z C T H O R E I I M F C
J M L Q I A Q H U O C E O W S F
F W D I N B Q U Z F S R Q K S B
P R A N Z O F M A S E E L G W R
D W O X M J M J D J P L S Z Y D
X Y A P B O B I G H I A C C I O
C K O C L J B Z D O U S H A K N
```

TORTA	CAMERIERE
CENA	INSALATA
BEVANDA	MINESTRA
UOVA	SPEZIE
FRUTTA	SEDIA
VERDURE	PESCE
DELIZIOSO	APERITIVO
GHIACCIO	FORCHETTA
CUCCHIAIO	ACQUA
PRANZO	SALE

34 - De Media

```
P U B B L I C I T À D K G B C F
P U B B L I C O E I I F X I O A
R I V I S T E O W E G M T F M T
D N W K S J N W F W I B F I U T
E L A U T T E L L E T N I L N I
F O T N E M A I Z N A N I F I T
A M Z R O L O O S J L P L O C E
H K T M A P A N G A E U X P A L
R E T E I D F I L A I O C I Z E
I L A N R O I G C I W X T N I V
X A Z F T Z O O J R N R G I O I
O C K B S X B P X P E E D O N S
M O B H U E F Z Q T Y M G N E I
E L A U D I V I D N I L M E U O
J A Z E N O I Z A C U D E O Z N
G J M N I E D I Z I O N E Q C E
```

PUBBLICITÀ   GIORNALI
COMMERCIALE   LOCALE
COMUNICAZIONE   OPINIONE
DIGITALE   RETE
EDIZIONE   EDUCAZIONE
FATTI   ONLINE
FINANZIAMENTO   PUBBLICO
INDIVIDUALE   RADIO
INDUSTRIA   TELEVISIONE
INTELLETTUALE   RIVISTE

35 - Bijen

```
I A B E N E F I C O F U M O H F
E N Y R I K H Q K I U C Z T A I
J I S A T T U R F Y C N T U B O
C G N E D I V E R S I T À J I R
L E S V T N I M B K I U T G T I
R R M L K T X I H W A N Q I A L
E X Q A M C O E C L L S L P T N
W P A U H K O L U I I B X I I J
L S K C X Y T E D N B H B A T G
W L H S U E Q M G P E O U N E I
I T O O D P T A E O R C J T I A
W B F L E I A I E S I D E E Y R
W O Z E W U C C M U R N F R S D
X T P A M E T S I S O C E L A I
B F O U W G P O L L I N E I Y N
U T E U O S P U J J F B E B S O
```

ALVEARE	PIANTE
FIORI	FUMO
FIORIRE	POLLINE
DIVERSITÀ	GIARDINO
ECOSISTEMA	ALI
FRUTTA	CIBO
HABITAT	BENEFICO
MIELE	CERA
INSETTO	SOLE
REGINA	SCIAME

36 - Wandelen

```
L W D U K A U D M B X N I I H W
G U Y B Q H K W K I I L W J G A
B U A M P G J O P G E C C G P F
N T N S I O F K C D X J Y M V D
Z L K J L I N F W W D D U R E J
K Z X O A Y E B Q N Y M T S R U
P R E P A R A Z I O N E L C T W
N A O T N E M A T N E I R O I B
A N I M A L I L A V I T S G C S
P R F U O H F P A C Q U A L E T
P U U A O I G G A V L E S I L A
A G E T N A S E P R N S D E O N
M O N T A G N A F I C L L R S C
J E R A Z N A Z O K S H C A U O
P I E T R E P B I L O C I R E P
C L I M A X E C A M P E G G I O
```

MONTAGNA
ANIMALI
PERICOLI
MAPPA
CAMPEGGIO
SCOGLIERA
CLIMA
STIVALI
STANCO
ZANZARE

NATURA
ORIENTAMENTO
PARCHI
PIETRE
VERTICE
PREPARAZIONE
ACQUA
SELVAGGIO
SOLE
PESANTE

37 - Ecologie

```
A K A S O S T E N I B I L E O V
C U Z À T I S R E V I D G I Y E
M O N T A G N E I C E P S Y N G
N H E I S N N A T U R A L E D E
A W V N J I U V A R I E T À E T
T Z I U B B C A M I L C Z S D A
U F V M Q R O C F K A O I J U Z
R H V O N S P I I Q P E W U L I
A Y A C C U S E A T F L O R A O
R I R Z B A J I L A À A F C P N
O E P U U Z D C G T M B R G Z E
X T O R N T Z D I I X O O Y P J
O N S Q J Z S I A B Z L W F T B
M A R I N O E D L A C G F X L M
Q I Z D B I U Z M H A S L P C W
G P V O L O N T A R I D K H J I
```

MONTAGNE	MARINO
DIVERSITÀ	PALUDE
SICCITÀ	NATURA
SOSTENIBILE	NATURALE
FAUNA	SOPRAVVIVENZA
FLORA	PIANTE
COMUNITÀ	SPECIE
GLOBALE	VARIETÀ
HABITAT	VEGETAZIONE
CLIMA	VOLONTARI

38 - Biologie

```
E L S E S P X B X R L J O E N A
D M E N O I R B M E M N S V A N
N K U O Q E N O M R O E M O T A
R A W I A P R A T O A R O L U T
F E R Z R U L M P E I V S U R O
O N T A B Q G I Q S I O I Z A M
T E M T F K J Z R O I N G I L I
O G A U I F N N I G W L A O E A
S A M M S L Q E Y T P R L N L J
I L M H O A E R E N O R U E N J
N L I Q I L M L I R G B L F P P
T O F N B S I E H J M S L I T R
E C E S M N Z H P J E E E J Q N
S I R F I Q C X J T K S C P P B
I L O L S C R O M O S O M A C C
R E S P I R A Z I O N E X A N N
```

RESPIRAZIONE
ANATOMIA
CELLULA
CROMOSOMA
COLLAGENE
PROTEINA
EMBRIONE
ENZIMA
EVOLUZIONE
FOTOSINTESI

ORMONE
MUTAZIONE
NATURALE
NEURONE
OSMOSI
RETTILE
SIMBIOSI
SINAPSI
NERVO
MAMMIFERO

39 - Landen #1

```
H  S  I  E  B  P  R  K  K  R  U  U  N  N  E  R
A  E  O  Z  G  A  A  U  G  A  R  A  C  I  N  D
M  N  A  K  N  I  L  N  S  G  R  J  Y  O  A  Q
P  E  M  O  J  G  T  F  A  P  O  L  O  N  I  A
O  G  M  G  S  E  I  T  C  M  C  C  M  L  G  R
W  A  O  S  Y  V  T  F  O  S  A  I  L  E  O  I
G  L  Z  Q  D  R  A  R  T  U  X  L  B  T  B  C
D  S  N  W  C  O  L  Q  T  N  L  E  E  T  M  G
I  P  B  Z  T  N  I  K  A  Q  N  A  L  O  A  E
K  A  X  I  Y  J  A  D  F  P  S  K  G  N  C  R
E  G  U  Q  H  I  L  T  F  C  C  W  I  I  E  M
Y  N  Y  I  F  B  R  A  S  I  L  E  O  A  T  A
I  A  N  Z  Z  A  I  O  E  F  F  E  K  Y  P  N
L  I  B  I  A  D  A  N  A  C  Q  O  E  M  K  I
C  M  A  R  O  C  C  O  C  N  H  B  P  F  E  A
R  O  M  A  N  I  A  T  D  I  S  R  A  E  L  E
```

BELGIO	LETTONIA
BRASILE	LIBIA
CAMBOGIA	MAROCCO
CANADA	NICARAGUA
CILE	NORVEGIA
GERMANIA	PANAMA
EGITTO	POLONIA
IRAQ	ROMANIA
ISRAELE	SENEGAL
ITALIA	SPAGNA

40 - Installaties

```
F A G I O L O F D K F B B K J Z
O G R E N R J A R B O P F I Q N
Z I Z J A E C I D A R C I T S F
H A E R B A H M K U E A O W T W
K R S A S C N X T W S I R K C X
M D O L A E L C C W T L I E G A
U I I J C N S F C B A G R J D B
S N T H C O R E B L A O E S J E
C O E M A I L G O F J F Q U R Y
H H T R B Z F E I U U A O T Y J
I N C C T A C I N A T O B C U J
O J A X I T M A O F L O R A E N
R J I A R E C B N R Y W S C X T
B B M R L G J E Ù X E N O S H A
Q W A Q Z E C E S P U G L I O F
H K W Y R V S H H M L K L S G W
```

BAMBÙ
BACCA
FOGLIA
FIORE
FIORIRE
ALBERO
FAGIOLO
FORESTA
CACTUS
FLORA

FOGLIAME
ERBA
EDERA
MUSCHIO
BOTANICA
CESPUGLIO
GIARDINO
VEGETAZIONE
RADICE

41 - Agronomie

```
E  I  M  E  N  O  I  Z  U  D  O  R  P  A  F  R
V  N  D  R  A  M  B  I  E  N  T  E  Y  G  E  I
E  Q  S  O  M  A  L  A  T  T  I  E  X  R  R  C
R  U  O  S  U  D  O  W  D  U  M  R  H  I  T  E
D  I  S  I  T  L  M  E  F  S  S  U  N  C  I  R
U  N  T  O  M  J  A  W  K  S  I  R  C  O  L  C
R  A  E  N  P  E  Z  G  D  Y  Q  A  I  L  I  A
E  M  N  E  H  L  T  T  Z  O  K  L  B  T  Z  I
T  E  I  X  W  F  R  S  P  F  T  E  O  U  Z  G
W  N  B  F  N  E  B  T  I  C  F  Q  S  R  A  O
S  T  I  C  D  I  N  G  S  S  O  X  C  A  N  L
U  O  L  A  B  P  A  E  W  S  R  U  I  Q  T  O
Q  Z  E  J  N  Y  U  C  R  F  A  D  E  I  E  C
C  R  E  S  C  I  T  A  Q  G  N  T  N  S  L  E
F  S  E  M  I  M  J  Y  Q  U  I  W  Z  E  D  L
O  R  G  A  N  I  C  O  D  C  A  A  A  I  O  L
```

SOSTENIBILE	RICERCA
ECOLOGIA	ORGANICO
ENERGIA	PRODUZIONE
EROSIONE	SISTEMI
CRESCITA	INQUINAMENTO
VERDURE	CIBO
AGRICOLTURA	ACQUA
RURALE	SCIENZA
FERTILIZZANTE	SEMI
AMBIENTE	MALATTIE

42 - Oceaan

```
M G A G A C I R T S O B N T B P
K C O R A L L O B P F U G R A I
P O U F C T Y B B U R D K N L R
O E Q R R K S O X G D A I H E L
H H S X A M J E J N Q G Y H N S
X G P C B B I S P A C U Z M A Z
W L F F E L A S P M X R O I S C
K A R E I L G O C S E A W R U Q
M A R E E I P B U B K T G H D P
P A F L Q P D O M S K R R K E J
X O U T O I K N J N W A A K M H
S L L A N G U I L L A T N C Q P
H A B P N W A F L X O Y C W L P
G U K W O O M L Z G A E H D E T
C Q O T T E R E B M A G I Y Q G
K S F S L H D D J S F M O S R Q
```

ANGUILLA
ALGHE
BARCA
DELFINO
GAMBERETTO
MAREE
SQUALO
CORALLO
GRANCHIO
MEDUSA

POLPO
OSTRICA
SCOGLIERA
TARTARUGA
SPUGNA
TEMPESTA
TONNO
PESCE
BALENA
SALE

43 - Landen #2

```
I N D O N E S I A T L S F M B N
N I G E R I A F I K O I R A U C
R G G D D N E G W E R R A L C Z
P S U D I L T O G Y D I N A R A
M B C Q C P G H R L S A C Y A H
U G A N D A D N A L R I I S I G
E O X C C D C J L J D K A I N R
Y I Y J R U F W X L F K G A A E
R F G O M A I R E B I L E F W C
B I B W A A M E B S Y F C N P I
M E S S I C O I L I B A N O Y A
N E P A L I O H N Q E X E D U A
X N H C A X W W I A I P O I T E
K P W Y M Z Q N T Y D T H W T X
M J E U O G I A P P O N E Q B X
T Z Y P S O A L R U S S I A G Y
```

DANIMARCA   LIBERIA
ETIOPIA   MALAYSIA
FRANCIA   MESSICO
GRECIA   NEPAL
IRLANDA   NIGERIA
INDONESIA   UGANDA
GIAPPONE   UCRAINA
KENYA   RUSSIA
LAOS   SOMALIA
LIBANO   SIRIA

44 - Bloemen

```
I M O R C H I D E A N L J O I E R
R P A O P J O N Y D E T I O U L
I A G G B A L A V A N D A L C O
B P A A N B S I W T K Q Q P L S
I A R I B O X S Y N C Q F U T A
S V D B N N L C I P L U Q G T R
C E E R M I M I B F H Q L N A I
O R N O C M A R A P L Y N C C G
E O I W Z O R O I L G O F I R T
D L A R O S G S N U E L R J R S
M A Z Z O L H I O M A A J A O Y
Z H G C Z E E C E E X T S T S R
C Q L A I G R R P R H E U G A M
G I G L I O I A O I G P W W Z M
R K U T Y A T N A A Q B Z Z J K
P N D D T X A T U L I P A N O X
```

PETALO
MAZZO
GARDENIA
IBISCO
GELSOMINO
TRIFOGLIO
LAVANDA
GIGLIO
LILLA
MARGHERITA

MAGNOLIA
NARCISO
ORCHIDEA
PAPAVERO
PASSIFLORA
PEONIA
PLUMERIA
ROSA
TULIPANO
GIRASOLE

45 - Landschappen

```
Z M P F E J Z O L P G T U B N J
A O N A E C O E R A L O S I G I
F N T F I Y L Y K L J X O Q H P
S T S U N K U K Y U D X R R I Z
N A R P N Y Z Y T D I D G P A N
R G J K I D D S R E S Y E G C B
X N L A H A R W D I A Z E Q C F
Y A I B D J G A T T O R G N I I
C O L L I N A G G J N Z D R A C
Y T C M A R E U I O A A B L I E
K R M A F I U M E A C V J A O B
W E I E S M U N R F L A Z G Y E
G S N P W C E U P L U L Y O J R
E E D X T M A Z D R V L G W K G
G D G D Q U H T Q I C E O U F K
P I C Q R U K E A L O S I N E P
```

MONTAGNA	OCEANO
ISOLA	FIUME
GEYSER	PENISOLA
GHIACCIAIO	SPIAGGIA
GROTTA	TUNDRA
COLLINA	VALLE
ICEBERG	VULCANO
LAGO	CASCATA
PALUDE	DESERTO
OASI	MARE

46 - Tuin

```
R O C C E R C O X E X F L G N P
D R Y N G S A C H R S I P I Z R
W E C K A P T S C B N O L A R A
O B U T R I T A T A D R L R Z T
L L R L A J T A G R J E B D W O
S A B O G R C P O N E I K I Z N
C E S P U G L I O R O L K N P I
B T P E R O M C I E T F L O A L
E I A F R A M A C A E G A O N O
Q V L I D B W L S S T Z F T C P
W S A A Z Z A R R E T T X N A M
B E P A W P A C T U U J A I I A
Z Y Y L Q B F N C G R L T C J R
R U P Q Y A F F E E F G R E X T
A F E D G W E R D X Q U U R T X
P K U S G P Z H G A T M H Q P X
```

PANCA
FIORE
ALBERO
FRUTTETO
GARAGE
PRATO
ERBA
AMACA
RASTRELLO
RECINTO

ERBACCE
ROCCE
PALA
TUBO
CESPUGLIO
TERRAZZA
TRAMPOLINO
GIARDINO
STAGNO
VITE

47 - Beroepen #2

```
E D B M K P R C R F E P I C F A
T E B I E Z I L J E A X N X Z S
R N T K O D O T G R I Y G A E T
C T N F F L I Y T F C K E H K R
E I W P A K O C T O E P G O A O
C S R J R B H G O L R Z N E R N
M T A T G K W J O O E E E R M A
F A Y U O U Q S U D I L R O C U
I E V I T C E T E D N N E T H T
L A S Z O M P F C W I R Q A I A
O Z O D F Z Q G D S D C B C R T
S F E R O T L O C I R G A R U O
O X S H I N S E G N A N T E R L
F A T S I L A N R O I G A C G I
O L I N G U I S T A G Q R I O P
B I B L I O T E C A R I O R S R
```

MEDICO	INGEGNERE
ASTRONAUTA	GIORNALISTA
BIBLIOTECARIO	INSEGNANTE
BIOLOGO	LINGUISTA
AGRICOLTORE	RICERCATORE
CHIRURGO	PILOTA
DETECTIVE	PITTORE
FILOSOFO	DENTISTA
FOTOGRAFO	GIARDINIERE

48 - Dagen en Maanden

```
D U I O W R C W N V L Z T T F A
G Q Z U S Z A W S O E U I M F P
I G D M P X L J Q I V N G P E K
O I A R B B E F K A S E E L Z Y
V U P E L X N S N N E R M R I L
E G O Z P A D E W N T B L B D O
D N Z G Z F A T M E T O U D R Ì
Ì O U C N Z R T E G E T N O A E
S A B A T O I I R B M T E M L S
D C B D E D O M C K B O D E K E
M A R T E D Ì A O W R T Ì N P M
L H N O T C C N L U E S X I G W
D P J D P M S A E I R O G C Z M
M A R Z O F B G D I Y G M A F U
R T F T J T L S Ì A E A N N O X
M L L A Q T W T R E J H Y W N U
```

AGOSTO
MARTEDÌ
GIOVEDÌ
FEBBRAIO
ANNO
GENNAIO
LUGLIO
GIUGNO
CALENDARIO
MESE

LUNEDÌ
MARZO
NOVEMBRE
OTTOBRE
SETTEMBRE
VENERDÌ
SETTIMANA
MERCOLEDÌ
SABATO
DOMENICA

49 - Mode

```
S  O  P  A  T  S  I  L  A  M  I  N  I  M  Y  T
W  T  T  P  G  E  M  O  D  E  L  L  O  F  T  E
W  C  I  Z  U  M  W  Y  R  N  R  D  S  I  P  N
O  O  A  L  E  P  E  U  Q  I  T  U  O  B  Z  D
E  N  B  P  E  L  Q  U  N  U  P  W  S  P  Z  E
F  F  B  I  N  I  O  P  Z  D  A  K  I  I  Y  N
T  O  I  Z  O  C  I  T  A  R  P  D  U  G  M  Z
E  R  G  Z  R  E  O  M  A  C  I  R  F  O  Z  A
S  T  L  O  A  T  R  T  P  U  L  S  A  N  T  I
S  E  I  D  C  N  I  P  S  F  A  O  G  R  M  F
U  V  A  I  B  A  G  H  T  E  R  K  H  E  D  I
T  O  M  B  W  G  I  X  S  D  D  M  Q  D  W  S
O  L  E  G  C  E  N  N  B  K  Q  O  C  O  M  X
L  E  N  L  W  L  A  Y  P  H  U  E  M  M  Z  X
L  H  T  W  L  E  L  O  N  Y  O  Y  Q  W  A  K
A  F  O  W  T  O  E  O  T  R  A  M  A  Y  J  Q
```

MISURE	MINIMALISTA
MODESTO	MODERNO
RICAMO	ORIGINALE
CONFORTEVOLE	MODELLO
CARO	PRATICO
SEMPLICE	STILE
ELEGANTE	TESSUTO
PIZZO	TRAMA
ABBIGLIAMENTO	TENDENZA
PULSANTI	BOUTIQUE

50 - Tuinieren

```
J O H O R B H C Z C D Y T S K X
A M I L C E R O T I N E T N O C
S C I M P Q N M R B M Q B E W L
U P Q R S L E M K R H W L L Z Y
F I O U H L W E F O G L I A Q N
F I X R A K Y S H C N A C E B Z
R M O Q C C À T I D I M U R U S
U E N R E O E I O W C D I O H P
T S P M I Y I B Z U U G X L K Y
T T F E D R C I Z Y C S A F P C
E U N C I Y E L A N O I G A T S
T B U X F Y P E M A I L G O F L
O O K U O E S O T I C O N L X F
H H J B Z F B O T A N I C O J G
C O M P O S T Y H M X I U U E J
Q Y N J Z C G D T X B X A S M D
```

FOGLIA
FLOREALE
FIORIRE
SUOLO
MAZZO
FRUTTETO
BOTANICO
COMPOST
CONTENITORE
COMMESTIBILE

ESOTICO
FOGLIAME
CLIMA
STAGIONALE
TUBO
SPECIE
UMIDITÀ
SPORCO
ACQUA
SEMI

51 - Menselijk Lichaam

```
A  C  C  O  H  D  K  T  O  O  T  N  E  M  S  S
C  Q  A  U  G  N  I  L  I  R  J  G  U  L  T  A
C  U  J  V  S  R  R  P  I  E  O  L  R  P  K  N
O  R  O  T  I  D  Y  K  O  C  A  M  O  T  S  G
B  T  I  R  Q  G  G  B  A  C  N  Q  H  E  W  U
T  O  H  N  E  L  L  E  P  H  A  T  G  Z  T  E
I  T  C  T  H  R  I  I  P  I  S  E  O  J  C  Z
P  F  C  K  Y  P  G  A  A  O  S  M  J  L  B
X  M  O  N  D  U  Z  N  L  L  L  T  I  S  O  T
F  H  N  G  O  O  M  M  L  L  M  A  T  W  K  H
R  F  I  F  D  E  I  B  E  E  A  A  O  J  T  H
W  B  G  M  Y  U  Z  Q  C  V  X  L  N  U  B  I
K  N  N  C  D  D  Y  C  S  R  O  L  L  O  C  K
J  U  C  L  N  U  A  N  A  E  R  A  B  M  A  G
J  L  Y  G  N  K  X  I  M  C  N  P  J  J  P  C
C  Y  G  W  O  I  I  S  P  I  D  S  E  Y  O  H
```

GAMBA	MENTO
SANGUE	GINOCCHIO
GOMITO	STOMACO
CAVIGLIA	BOCCA
MANO	COLLO
CUORE	NASO
CERVELLO	ORECCHIO
TESTA	SPALLA
PELLE	LINGUA
MASCELLA	DITO

52 - Energie

```
S J G H R E G A N I Z N E B D E
V G D L E M Y Y M R O M K B I L
E J S C R C K C I B C J U S E E
N E L I B A V O N N I R O M S T
T Z D J O L M S D B R E T E E T
O U I D N C D Z U A T T N Z L R
N U C L E A R E S T T N E T T O
I D W D G Y D R T T E A M J E N
C A R B O N I O R E L R A A R E
T E Z I R P D T I R E U N L O R
Z U J S D J I O A I N B I T L O
Q D R J I B O M I A O R U D A P
B P D B T H Y T B H T A Q J C A
C J U F I D L Q T R O C N J M V
S X D K R N N I D K F P I M K A
Q F J L L O A I P O R T N E Z J
```

BATTERIA

BENZINA

CARBURANTE

DIESEL

ELETTRICO

ELETTRONE

ENTROPIA

FOTONE

RINNOVABILE

INDUSTRIA

CARBONIO

MOTORE

NUCLEARE

AMBIENTE

VAPORE

TURBINA

INQUINAMENTO

CALORE

IDROGENO

VENTO

53 - Familie

```
I H D Z D I F Q N G F N J N D Z
R N M U O N I B M A B D J O A K
K O R Z W T G Y Y I H X R N K K
M G W U L O L L E T A R F N D I
L M C P I N I B M A B H S A I Z
A D B R K N A Z E G F O M I I A
M I X D R O T A N E T N A Z J K
K A C U S N T P X J X R L N P L
B R D C E G R I Z Y O E L A R E
T C Z R A A M Q R D S T E F W J
F I L L E M E G R A G A R N T Q
A K J A Z S F S N A M P O I X J
B M O G L I E T O P I N S R U T
O D F A C D M J B O U Z T S F Q
E L L T U O F L O Q S P A D R E
A G E K P O H L X D T F L H W E
```

FRATELLO   ZIO
FIGLIA   NONNO
NONNA   ZIA
INFANZIA   GEMELLI
BAMBINO   PADRE
BAMBINI   PATERNO
NIPOTE   ANTENATO
MARITO   MOGLIE
MADRE   SORELLA

54 - Gebouwen

```
L C K D C I F C F F S Z C M S R
S A A D N E T A H A U K I W I I
U R B S E T B B H I B S I M W U
P C N O T A A I W R L B G D D T
E I S E R E L N E O N Y R O K O
R N A S N A L A H T T L U I L I
M E Q U N S T L E T O H N R C D
E M T M T Q B O O A F Z I O O A
R A O Z U H H U R F K J V T S T
C C R S N M O C O I E D E A P S
A Q R Z H I K S R C O Q R V E H
T C E Z C Z P Z T H N Y S R D Z
O T N E M A T R A P P A I E A D
F I E N I L E F E T D Y T S L X
A M B A S C I A T A U S À S E P
J L A L J M Q W Y Q Q I H O X Y
```

AMBASCIATA	OSSERVATORIO
APPARTAMENTO	SCUOLA
CINEMA	FIENILE
FATTORIA	STADIO
CABINA	SUPERMERCATO
FABBRICA	TENDA
HOTEL	TEATRO
CASTELLO	TORRE
LABORATORIO	UNIVERSITÀ
MUSEO	OSPEDALE

55 - Kunst

```
I  Q  Z  A  P  L  N  U  C  R  E  A  R  E  V  D
S  C  U  L  T  U  R  A  M  K  O  P  Y  A  I  I
D  A  E  N  O  I  Z  I  S  O  P  M  O  C  S  P
C  O  M  P  L  E  S  S  O  B  R  S  Y  J  I  I
D  N  K  E  Q  Q  E  O  A  M  P  E  U  U  V  N
P  D  A  P  Y  E  H  W  I  W  P  G  T  R  O  T
O  E  S  P  R  E  S  S  I  O  N  E  Y  S  O  I
E  O  T  S  E  N  O  P  E  R  S  O  N  A  L  E
S  O  M  S  I  L  A  E  R  R  U  S  X  C  O  C
I  U  W  R  C  E  A  C  I  M  A  R  E  C  B  I
A  X  G  X  W  S  F  N  X  L  E  H  J  D  M  L
S  O  G  G  E  T  T  O  I  R  W  O  C  Z  I  P
R  I  T  R  A  R  R  E  W  G  Q  S  D  M  S  M
I  S  P  I  R  A  T  O  Z  F  I  G  U  R  A  E
P  S  A  U  Z  Y  D  E  E  D  G  R  C  Y  T  S
E  T  M  E  D  W  J  O  X  Z  S  D  O  W  C  A
```

SCULTURA	ORIGINALE
COMPLESSO	PERSONALE
CREARE	POESIA
SEMPLICE	RITRARRE
ONESTO	COMPOSIZIONE
FIGURA	DIPINTI
ISPIRATO	SURREALISMO
UMORE	SIMBOLO
CERAMICA	ESPRESSIONE
SOGGETTO	VISIVO

56 - Beroepen #1

```
A E X G Y X R F D G H I X D N Z
Q B E I D G M A P I E M R T D S
O I R O E I N R I N R O O I R E
C N E F A O Q M A F O A L B J Z
I A I A F I P A N E T V B O A P
D X H R N E X C I R A V T I G A
E A C G E L T I S M I O P R S O
M X N O F L J S T I C C S A C M
I J A T K I L T A E C A I N I O
Q B B R E E M A U R A T C I E N
N T N A P R X K B A C O O R N O
H J K C N E R O T I D E L E Z R
A M B A S C I A T O R E O T I T
I D R A U L I C O B G G G E A S
N M C M U S I C I S T A O V T A
A T L E T A P I B T E R E P O H
```

AVVOCATO
AMBASCIATORE
FARMACISTA
ASTRONOMO
ATLETA
BANCHIERE
CARTOGRAFO
BALLERINO
VETERINARIO
MEDICO

EDITORE
GEOLOGO
CACCIATORE
GIOIELLIERE
IDRAULICO
MUSICISTA
PIANISTA
PSICOLOGO
INFERMIERA
SCIENZIATO

57 - Antarctica

```
R G H I A C C I O S Z R H S Q A
H O C O N S E R V A Z I O N E M
P C C T C C H E Y O W Q C M R B
E I I C R I C E R C A T O R E I
N F N I I N I U G N I P X E Y E
I I B A M O S U G U B E U C T N
S T D I I Z S I C C B X L J E T
O N Y C N E N O I Z A R G I M E
L E X C E N O I Z I D E P S P L
A I F A R G O E G Y I G A M E O
I C G I A B A Z E A Z J P L R V
Y S A H L B A I A E C O N N A U
Y Q O G I I O K X K A Q L Z T N
H B W L R W H E U I O W U P U M
Y E T N E N I T N O C T K A R Y
U P J T O P O G R A F I A S A C
```

BAIA	AMBIENTE
CONSERVAZIONE	RICERCATORE
CONTINENTE	PINGUINI
ISOLE	ROCCIOSO
SPEDIZIONE	PENISOLA
GEOGRAFIA	TEMPERATURA
GHIACCIAI	TOPOGRAFIA
GHIACCIO	ACQUA
MIGRAZIONE	SCIENTIFICO
MINERALI	NUVOLE

58 - Ballet

```
O  R  R  L  T  E  M  E  U  T  J  N  N  Q  F  A
P  R  O  V  A  T  U  U  G  X  Z  S  J  Z  G  L
U  A  V  D  C  O  S  U  A  L  P  P  A  E  R  E
X  B  I  G  I  A  C  I  N  C  E  T  A  Z  Z  C
B  I  S  E  T  N  O  I  N  T  E  N  S  I  T  À
O  L  S  S  A  O  L  S  P  J  M  X  T  T  M  I
C  I  E  T  R  A  I  S  O  O  O  U  I  F  Q  L
I  T  R  O  P  E  H  U  X  I  T  W  S  R  J  W
T  À  P  M  E  F  X  R  Y  L  Z  U  G  I  U  G
S  I  S  T  I  N  I  R  E  L  L  A  B  M  C  H
I  T  E  I  P  U  B  B  L  I  C  O  R  Z  H  A
T  O  I  R  O  R  C  H  E  S  T  R  A  G  P  L
R  I  P  L  C  O  R  E  O  G  R  A  F  I  A  Q
A  E  Z  Q  E  R  O  T  I  S  O  P  M  O  C  S
B  A  L  L  E  R  I  N  A  E  X  Z  X  R  R  X
W  Y  K  E  O  J  I  C  J  T  L  L  X  G  H  I
```

APPLAUSO	ORCHESTRA
ARTISTICO	PRATICA
BALLERINA	PUBBLICO
COREOGRAFIA	PROVA
COMPOSITORE	RITMO
BALLERINI	GRAZIOSO
ESPRESSIVO	MUSCOLI
GESTO	STILE
INTENSITÀ	TECNICA
MUSICA	ABILITÀ

59 - Fruit

```
R N W F U K O D A C O V A G C M
K N Z Z W A L P R C K W A O P E
C I E F I F C P A B C K F Y H L
L F W O H R S A N A N A E X J O
B I I I D E A C C O C I B L A N
A Z M P E R A U I S A A E P N E
N L Q O U V A Z A Q G R Q A O N
A I U Y N C I L I E G I A P C O
N W D H S E O H H Y M U X A E P
A N E T T A R I N A X S C I D M
M E L A M N O P U X F C P A I A
Z B C W A G G X E Q G N E R C L
D J R X N U M Z W Q X A S J O X
O N S O G R O H I J I O C D C R
E R U G O P L R U S B G A G C C
P G M B J Y Y I K X K S J D O Y
```

ALBICOCCA	KIWI
ANANAS	NOCE DI COCCO
MELA	MANGO
AVOCADO	MELONE
BANANA	NETTARINA
BACCA	ARANCIA
LIMONE	PAPAIA
UVA	PERA
LAMPONE	PESCA
CILIEGIA	PRUGNA

60 - Engineering

```
A J C K M P J J I D X D G Y H M
H I S X A O R T E M A I D À A M
H L C B C L R O H Y Q E K T F L
F N I R C C N A P F O S C I R T
S X I A H D O P L U F E C D U C
O R F R I L L S O X L L Q N J L
L A T U N F O M T B I S X O I M
O I T T A E G U N R S T I F J T
C G Q T P R N S E F U Y O O K N
L R N U C U A C M O G Z N R N H
A E U R I Z Z G I R O E I P O E
C N P T O D Z W V Z W O C O P C
S E S S A S O N O A O S T E N T
O H H R A I A M M A R G A I D E
Q D J S T A B I L I T À S N B M
R O T A Z I O N E R O T O M E B
```

ASSE
CALCOLO
MOVIMENTO
COSTRUZIONE
DIAGRAMMA
DIAMETRO
PROFONDITÀ
DIESEL
ENERGIA

ANGOLO
FORZA
MACCHINA
MOTORE
ROTAZIONE
STABILITÀ
STRUTTURA
LIQUIDO
PROPULSIONE

61 - Literatuur

```
I  U  A  P  H  O  A  R  A  U  A  M  I  R  N  N
W  C  I  A  Z  P  A  D  R  D  N  W  U  A  A  Z
R  I  G  O  C  I  T  E  O  P  E  A  R  C  R  N
O  W  O  M  D  N  U  M  F  A  D  L  U  O  R  I
M  S  L  S  D  I  M  T  A  Q  D  P  B  N  A  F
T  W  A  G  Z  O  D  T  T  Z  O  T  I  C  T  X
I  R  N  Y  D  N  E  E  T  T  G  O  L  O  H
R  R  A  I  S  E  O  P  M  M  O  T  G  U  R  E
F  U  O  G  A  U  T  O  R  E  A  A  R  S  E  K
K  W  P  M  E  Q  J  O  N  N  L  N  A  I  W  W
K  S  T  E  A  D  H  C  J  O  X  A  F  O  Y  L
S  T  I  L  E  N  I  I  U  I  B  L  I  N  U  H
M  H  F  Q  D  E  Z  A  N  Z  N  I  A  E  I  R
D  I  A  L  O  G  O  O  F  N  B  S  R  K  M  I
S  Y  Q  J  K  P  F  U  L  I  O  I  N  Y  M  J
C  E  S  G  O  T  N  O  R  F  N  O  C  Z  B  H
```

ANALOGIA	METAFORA
ANALISI	POETICO
ANEDDOTO	RIMA
AUTORE	RITMO
BIOGRAFIA	ROMANZO
CONCLUSIONE	STILE
DIALOGO	TEMA
FINZIONE	TRAGEDIA
POESIA	CONFRONTO
OPINIONE	NARRATORE

62 - Boeken

```
B M F Q N P L K O C I P E S H R
P L O C I G A R T I O K R T A M
F J S D R A I G T J W B O O L N
X O F L J D S T I E D R T R E R
U R R N F W E R R N S A U I T T
R M W F S H O D C O A R A A T R
I L O S X R P J S I Z K P A E C
L E S R Z K Y Z O Z N A M O R A
E T À T I L A U D E Y T F V A R
V T N H F S N G F L D W L I R A
A O U Q F H T G J L E T O T I T
N R Q P M O C I R O T S J N O T
T E Y S C R P Z C C S J D E C E
E R O T A R R A N O Y A C V W R
C O N T E S T O B W T K G N R E
A V V E N T U R A E K Y L I R G
```

AUTORE
AVVENTURA
PAGINA
COLLEZIONE
CONTESTO
DUALITÀ
EPICO
SCRITTO
STORICO
UMORISTICO

INVENTIVO
CARATTERE
LETTORE
LETTERARIO
POESIA
RILEVANTE
ROMANZO
TRAGICO
STORIA
NARRATORE

63 - Meer Informatie

```
O P O Y R A M L J Q T F U O C O
T O D X I X D K L A Z Q D F O W
C I N E M A I G O L O N C E T F
I R O C I T S I L A E R E M O U
L A M O G E T R C E J Y S I R T
L N T C T N O W O Q X Y P S A U
U I S I N A P K Q B T F L T C R
S G M T F I I T S A O X O E O I
I A C S F P A L A B M T S R L S
O M G A L A S S I A E H I I O T
N M R T T X I A P E R S O O E I
E I F N Z D H X O I T C N S A C
M E R A U T N M T O S W E O G O
N G G F I Q L O U L E S Y A K S
S C E N A R I O L I B R I M P J
G G H C M L X X Q Z I I D W Y Z
```

CINEMA
LIBRI
FUOCO
IMMAGINARIO
DISTOPIA
ESPLOSIONE
ESTREMO
FANTASTICO
FUTURISTICO
ILLUSIONE

MISTERIOSO
ORACOLO
PIANETA
REALISTICO
ROBOT
SCENARIO
GALASSIA
TECNOLOGIA
UTOPIA
MONDO

64 - Regenwoud

```
M A M M I F E R I L D M S K I I
I X A Z Z C X L F Y I U O G N F
X P O I G U F I R A L S P Y S Z
H O R L T F J E T K Q C R Q E N
N Z O L I K W S N D S H A Y T J
D I V E R S I T À E A I V N T O
S B M C G I U N G L A O V A I O
D I I C O N E G I D N I I T N S
T F M U F R J K E F P S V U U I
A N Z K Z J U F L B N P E R V A
Y A M I L C L A Q T L E N A O J
K B R R I S P E T T O C Z J L X
P R E Z I O S O Z S N I A X E X
C O M U N I T À O G E E S R W B
E N O I Z A V R E S E R P F M N
D B O T A N I C O R X B O D I L
```

ANFIBI
PRESERVAZIONE
BOTANICO
DIVERSITÀ
COMUNITÀ
INDIGENO
INSETTI
GIUNGLA
CLIMA
MUSCHIO

NATURA
SOPRAVVIVENZA
RISPETTO
RESTAURO
SPECIE
RIFUGIO
UCCELLI
PREZIOSO
NUVOLE
MAMMIFERI

65 - Haartypes

```
A E H O T A L U D N O G S R L T
B S S T N E R O U B V R O I W T
J Y C A C M U N N F L I T C M F
Q L I I N E M M Y O A G T C A X
T Z T C U O M S O W C I I R Z
F R J C Y T T J A E E O L O R X
R D S E F S T E O H V H E L O S
L W N R E E R O S S E P S I N C
N F J T B L A D G D R G K M E M
H T T N I X X I F N B I O N D O
T A G I A K O C B T U L E B D D
Q B D Z N O I U D Z E L W D P I
O T B R C H Q L A R G E N T O B
P E F F O T A R O L O C F R W R
C L K U R I C C I O J P P G W O
R I U U G Q Z O S F D F W B H M
```

BIONDO   GRIGIO
MARRONE   CALVO
SPESSORE   BREVE
ASCIUTTO   RICCIOLI
SOTTILE   RICCIO
COLORATO   LUNGO
INTRECCIATO   BIANCO
SANO   MORBIDO
LUCIDO   ARGENTO
ONDULATO   NERO

66 - Stad

```
A  C  E  T  O  I  L  B  I  B  U  M  G  S  L  F
W  E  I  B  I  M  F  G  P  U  G  E  A  T  I  I
N  B  R  N  X  E  J  X  U  J  B  R  L  A  B  O
H  K  O  O  E  A  C  I  N  I  L  C  L  D  R  R
R  L  O  E  P  M  C  S  D  W  E  A  E  I  E  I
M  X  T  S  O  O  A  N  W  O  T  T  R  O  R  S
X  S  A  U  I  P  R  T  A  P  O  O  I  S  I  T
K  X  C  M  O  G  F  T  W  B  H  U  A  N  A  A
F  A  R  M  A  C  I  A  O  S  C  U  O  L  A  Z
X  X  E  R  I  Z  Q  H  R  R  O  H  G  N  Z  O
U  K  M  I  O  O  G  T  T  X  E  M  Z  E  F  O
A  I  R  E  T  T  E  N  A  P  L  C  Y  G  F  Z
A  S  E  Z  Y  C  C  G  E  L  P  L  R  O  E  M
B  H  P  F  J  Q  A  B  T  W  W  L  Y  Z  K  C
U  R  U  U  N  I  V  E  R  S  I  T  À  I  H  U
R  T  S  K  Y  O  A  F  H  Z  J  K  Y  O  I  K
```

FARMACIA	CLINICA
PANETTERIA	AEROPORTO
BANCA	MERCATO
BIBLIOTECA	MUSEO
CINEMA	SCUOLA
FIORISTA	STADIO
LIBRERIA	SUPERMERCATO
ZOO	TEATRO
GALLERIA	UNIVERSITÀ
HOTEL	NEGOZIO

67 - Creativiteit

```
V E M O Z I O N I E G U D K D S
Q I T N E M I T N E S R X N R E
D X T B F E N I G A M M I F A N
O E N A T N O P S A F J Z D M S
C N F D L O V I T N E V N I M A
H O L O C I T S I T R A R F A Z
I I U E U S T R R K G R U L T I
A Z I Z D S G À T I L I B A I O
R I D W L E S M N A X A L X C N
E U I C F R H G O I D L Q P O E
Z T T X Z P I N T E N S I T À A
Z N À W C M V I S I O N I L C I
A I E N O I Z A R I P S I Z F I
A U T E N T I C I T À R M L F D
I M M A G I N A Z I O N E P D I
E S P R E S S I O N E Z J O G N
```

ARTISTICO
IMMAGINE
DRAMMATICO
AUTENTICITÀ
EMOZIONI
SENSAZIONE
SENTIMENTI
CHIAREZZA
IMPRESSIONE
ISPIRAZIONE

INTENSITÀ
INTUIZIONE
INVENTIVO
SPONTANEO
ESPRESSIONE
ABILITÀ
IMMAGINAZIONE
VISIONI
VITALITÀ
FLUIDITÀ

68 - Natuur

```
S C O G L I E R E Z D N F B N N
V S A N T U A R I O F E O E U G
O I G G A V L E S U H B G L V K
N A T W N K Q I M S C B L L O D
E U O A W C E H K U S I I E L T
R W H T L F Q R S O I A A Z E G
E Q T S B E O O H W O F M Z Q H
S Z L E R L G B S T F F E A C I
P I Y R I A D I N A M I C O A A
P Y S O F C M P U A W T I C H C
X L W F U I T K K M N A P I A C
O U P F G P M D X Z Q I K T W I
K C L N I O T R E S E D M R Q A
K K B C O R R O O Y R K N A E I
H A Q W Q T M F E F L J T O L O
B B M E R O S I O N E T G L N I
```

ARTICO
API
FORESTA
ANIMALI
DINAMICO
EROSIONE
FOGLIAME
GHIACCIAIO
SANTUARIO
SCOGLIERE

NEBBIA
FIUME
BELLEZZA
RIFUGIO
SERENO
TROPICALE
VITALE
SELVAGGIO
DESERTO
NUVOLE

69 - Zoogdieren

```
O  F  S  Q  Y  W  S  L  O  T  A  N  E  L  A  B
J  C  G  A  T  T  O  X  Z  Y  O  S  W  N  E  C
M  V  A  K  H  W  X  Q  K  W  I  R  I  J  P  A
S  O  L  V  C  A  M  M  E  L  L  O  O  N  M  P
L  L  L  F  A  E  G  T  M  A  G  R  N  A  O  R
G  P  I  K  H  L  S  O  I  X  I  O  I  X  R  A
I  E  R  Q  L  S  L  J  A  A  N  T  F  M  U  S
R  U  O  U  E  S  O  O  R  Q  O  S  L  S  P  J
A  R  G  R  O  W  R  D  L  S  C  A  E  L  B  W
F  N  L  D  N  E  U  E  X  W  I  C  D  L  T  C
F  Z  D  C  E  G  G  L  U  P  O  I  J  U  R  S
A  H  T  P  E  T  N  A  F  E  L  E  N  X  Q  B
S  C  I  M  M  I  A  C  A  N  E  X  G  Q  R  C
C  O  Y  O  T  E  C  W  T  S  J  C  O  R  K  S
G  Z  D  I  M  X  P  J  L  B  Y  T  C  O  O  P
C  R  G  I  I  K  Z  J  W  D  L  S  S  W  O  E
```

SCIMMIA	CANGURO
CASTORO	GATTO
COYOTE	CONIGLIO
DELFINO	LEONE
ASINO	ELEFANTE
CAPRA	CAVALLO
GIRAFFA	TORO
GORILLA	VOLPE
CANE	BALENA
CAMMELLO	LUPO

70 - Overheid

```
G D C C M P R H U J S M M Q M T
I I I O L O B M I S I I H T H B
U S T S T M N N A Z I O N E E G
S C T T P A À U G C C I V I L E
T U A I O I T E M F R P C E A A
I S D T L Z R S Q E H X K I N U
Z S I U I A E F N G N C A P O G
I I N Z T R B I D G J T F I I U
A O A I I C I T B E F I O O Z A
R N N O C O L T R L K E Q E A G
Q E Z N A M D I S C O R S O N L
W I A E L E E R Q W S E N D O I
M P O O P D W I G M Z Q W I D A
Z T Q N W N Y D O B A U B R X N
Q U A R T I E R E X L W N O D Z
G I U D I Z I A R I O N S X W A
```

CITTADINANZA   NAZIONE
CIVILE   NAZIONALE
DEMOCRAZIA   POLITICA
DISCUSSIONE   DIRITTI
UGUAGLIANZA   STATO
GIUDIZIARIO   SIMBOLO
GIUSTIZIA   DISCORSO
COSTITUZIONE   LIBERTÀ
CAPO   LEGGE
MONUMENTO   QUARTIERE

71 - Voertuigen

```
D  L  G  C  E  L  I  C  O  T  T  E  R  O  A  T
A  E  R  E  O  S  D  T  S  T  E  H  E  A  U  R
Z  J  B  Q  N  M  O  Z  R  Q  E  M  T  U  T  A
B  K  F  L  R  E  Y  T  I  E  Y  E  O  T  O  G
Q  Z  E  T  A  T  B  Y  T  R  N  R  O  O  S  H
Q  U  I  Z  Z  R  J  H  W  O  O  O  C  B  R  E
B  L  B  L  Z  O  X  E  Y  T  M  I  S  U  H  T
R  A  D  S  O  P  T  L  T  O  S  A  P  S  P  T
T  C  R  E  U  O  R  S  A  M  S  B  R  F  O  O
A  A  O  C  L  L  A  K  X  B  L  I  K  I  L  I
X  M  N  O  A  I  T  C  A  R  A  V  A  N  N  N
I  I  R  U  A  T  T  E  L  C  I  C  I  B  S  O
M  O  N  O  O  A  O  A  M  B  U  L  A  N  Z  A
K  N  C  X  I  N  R  Y  E  Z  A  T  T  E  R  A
N  W  R  O  K  A  E  J  Q  C  D  F  T  P  X  Y
P  N  E  U  M  A  T  I  C  I  L  B  W  W  M  X
```

AMBULANZA	SOTTOMARINO
AUTO	RAZZO
PNEUMATICI	SCOOTER
BARCA	TAXI
AUTOBUS	TRATTORE
CARAVAN	TRENO
BICICLETTA	TRAGHETTO
ELICOTTERO	AEREO
METROPOLITANA	ZATTERA
MOTORE	CAMION

72 - Geografie

```
M W S B W A W K C C A H P T E U
L A M S I S O L A O G T I X M T
N N P W O S D R O N Y H G T I P
J G E P N L N M E T S E V O S E
W A X W A U O S N I P N Q C F L
A T W D I E M D I N O O S F E K
I N Y H D L D S D E C I T N R J
B O Y O I R A E U N B G X M O N
Z M G H R U Z T T T Y E Y A N Y
W W H R E R B N I E P R B R A H
Y L O F M G U A T T N A G E E K
H C D I P E C L L H U P E U C X
A A W U C G P T A W J D U S O D
S D U M T Q W A E N Q N I S E B
T A F E R O T A U Q E A O N R J
C I T T À U X R R B Z J B U E B
```

ATLANTE
MONTAGNA
LATITUDINE
CONTINENTE
ISOLA
EQUATORE
EMISFERO
ALTITUDINE
MAPPA
PAESE

MERIDIANO
NORD
OCEANO
REGIONE
FIUME
CITTÀ
MONDO
OVEST
MARE
SUD

73 - Kunstbenodigdheden

```
S  F  H  J  L  R  I  N  C  H  I  O  S  T  R  O
A  P  E  S  W  B  N  G  C  B  Y  H  I  T  J  P
C  C  A  P  A  S  T  E  L  L  I  P  E  L  W  U
Q  R  J  Z  W  T  C  I  P  U  F  P  Z  A  O  W
U  E  I  R  Z  K  F  R  G  O  B  O  G  L  Y  P
E  A  C  I  E  O  T  A  V  O  L  O  A  Q  Q  S
R  T  O  T  T  E  L  L  A  V  A  C  R  Z  U  E
E  I  I  C  I  N  R  E  V  C  Q  I  O  B  N  D
L  V  E  C  T  O  C  A  R  T  A  L  O  L  G  I
L  I  Q  P  A  B  K  L  C  B  U  I  F  E  L  A
I  T  P  Y  M  R  G  L  X  Q  Q  R  Y  P  O  A
R  À  Z  C  Y  A  O  I  W  C  C  C  H  X  G  I
Z  O  W  N  T  C  M  G  R  I  A  A  M  W  N  N
C  O  L  O  R  I  M  R  I  H  F  Z  O  K  K  A
I  L  H  N  K  D  A  A  P  E  O  C  P  J  T  Y
T  E  L  E  C  A  M  E  R  A  B  H  N  K  K  C
```

ACRILICO	COLORI
ACQUERELLI	COLLA
SPAZZOLE	OLIO
TELECAMERA	CARTA
CREATIVITÀ	PASTELLI
CAVALLETTO	MATITE
GOMMA	SEDIA
CARBONE	TAVOLO
INCHIOSTRO	VERNICI
ARGILLA	ACQUA

74 - Barbecues

```
P M N Q K O A N E C P C H Q O F
B A O C X M S P O M O D O R I A
P Q C G Q C L A C U Q B L F O M
A O K I F U A C I S U M L A P I
H Q A L P V S L O N W F O M E G
X W J L D O E A D U Z T P E P L
W P B E G S L R Z O J A I F E I
P T B T W T A L D W M E N R T A
F K M L J I S T E U O T V U A I
K N M O L I G E T L R T I L L
C A P C L U O F A H Z E T T A G
P C R Q Q K G J T A J H O A S I
X K A Y B X Q R S A U C N O N R
C I N N R F B Y E B D R R H I G
R M Z G Q S M C Z D J O M F P Z
O B O G T I U J R E R F I J D C
```

CENA
FAMIGLIA
FRUTTA
GRIGLIA
VERDURE
CALDO
FAME
POLLO
PRANZO
COLTELLI

MUSICA
PEPE
INSALATE
SALSA
POMODORI
CIPOLLE
INVITO
FORCHETTE
ESTATE
SALE

75 - Schoonheid

```
F U X P F E L E U T A C O A U S
F A I M L L I L S E Q W B L Q X
R P S O M L S E T R Q U L U I Z
A R R C R X C G Q H N U F X I H
G O I I I C I A F L D Y J E A L
R D C N Z N O N O I H C C E P S
A O C E I T O Z R G R A Z I A E
N T I G V R P A B C O L O R E L
Z T O O R U M Z I S T A Y N L E
A I L T E C A E C T T Y T M L G
A U I O S C H M I I E J D A E A
Z S K F S O S Z Q L S K E M P N
M A S C A R A Y O I S O J J Q T
C J J U A C I H Q S O S T S P E
C O S M E T I C I T R U C U N T
C W Q I I B T U P A K W I Q M O
```

FASCINO
COSMETICI
SERVIZI
ELEGANTE
ELEGANZA
FOTOGENICO
GRAZIA
FRAGRANZA
LISCIO
PELLE

COLORE
RICCIOLI
ROSSETTO
MASCARA
PRODOTTI
FORBICI
SHAMPOO
SPECCHIO
STILISTA
TRUCCO

76 - Wetenschappelijke Discip

```
T T A S T R O N O M I A G P R B
I E L G K R O N X B R L X Y O I
L E R R P S I C O L O G I A B O
Q H R M N U T R I Z I O N E O C
F A I G O L O R O E T E M O T H
D S Y G F D B A P G F T C M I I
A I G O L O I C O S Z I H A C M
F A I G O L O N U M M I I N A I
G E O L O G I A A P D O M A I C
M E C C A N I C A M P H I T G A
H A I G O L A R E N I M C O O G
A R C H E O L O G I A C A M L O
N E U R O L O G I A E E A I O W
F I S I O L O G I A T M B A C P
B I O L O G I A S U D X D Y E N
Z H B O T A N I C A S R H N S R
```

ANATOMIA	MECCANICA
ARCHEOLOGIA	METEOROLOGIA
ASTRONOMIA	MINERALOGIA
BIOCHIMICA	NEUROLOGIA
BIOLOGIA	BOTANICA
CHIMICA	PSICOLOGIA
ECOLOGIA	ROBOTICA
FISIOLOGIA	SOCIOLOGIA
GEOLOGIA	TERMODINAMICA
IMMUNOLOGIA	NUTRIZIONE

77 - Bijvoeglijke Naamwoorden

```
P  A  U  T  E  N  T  I  C  O  T  A  L  A  S  C
N  R  S  U  O  R  G  O  G  L  I  O  S  O  E  C
A  K  O  R  D  T  D  X  G  I  T  D  D  W  L  R
T  C  V  D  B  E  A  Y  B  A  L  M  H  G  V  E
U  G  O  M  U  E  S  T  R  B  E  T  L  G  A  A
R  E  U  H  S  T  O  C  O  F  O  R  T  E  G  T
A  X  N  Y  T  N  T  R  R  D  C  O  Q  H  G  I
L  F  F  P  A  A  A  I  A  I  I  G  H  O  I  V
E  M  D  X  N  S  N  L  V  D  T  C  L  W  O  O
S  A  N  O  C  S  N  N  P  O  A  T  E  W  X  T
E  Z  N  U  O  E  O  O  U  G  M  F  I  K  F  A
K  Q  U  I  B  R  S  R  R  N  M  W  C  V  P  M
U  W  H  W  U  E  S  M  O  X  A  P  M  R  O  A
H  Y  M  F  U  T  A  A  S  Y  R  D  I  L  M  F
C  Z  N  M  D  N  K  L  N  Z  D  L  I  A  S  F
A  E  G  G  R  I  X  E  S  H  P  Z  Y  M  Q  A
```

AUTENTICO	NUOVO
DOTATO	NORMALE
DESCRITTIVO	PRODUTTIVO
CREATIVO	ASSONNATO
DRAMMATICO	FORTE
SANO	ORGOGLIOSO
AFFAMATO	SELVAGGIO
INTERESSANTE	SALATO
STANCO	PURO
NATURALE	

78 - Kleding

```
B  B  C  I  O  B  D  G  S  H  S  G  Y  F  U  H
R  Y  O  T  I  B  A  J  A  I  C  I  M  A  C  U
A  Q  L  I  N  B  A  R  N  M  I  T  N  A  U  G
C  I  L  Y  O  C  Z  N  D  H  A  Z  W  E  O  G
C  C  A  N  L  J  W  Q  A  W  R  I  M  L  T  I
I  A  N  P  A  I  P  U  L  Q  P  Q  G  U  T  A
A  P  A  A  T  T  E  C  I  M  A  C  M  I  O  C
L  P  G  O  N  N  A  B  X  R  J  A  A  B  P  C
E  E  M  A  A  S  L  P  G  M  U  A  G  M  P  A
T  L  R  O  P  S  E  K  W  K  G  Q  L  E  A  K
T  L  U  Y  D  P  C  F  B  H  B  Z  I  R  C  S
O  O  J  N  F  A  T  A  H  P  D  N  O  G  L  R
C  I  N  T  U  R  A  T  R  A  B  I  N  Z  G  Y
H  Y  R  I  R  O  A  C  I  P  W  C  E  Y  G  R
K  W  U  S  F  I  N  I  Z  L  A  C  Y  Q  F  A
G  D  R  Q  X  K  Y  F  J  Z  K  A  K  C  Z  O
```

BRACCIALETTO	PIGIAMA
CAMICETTA	CINTURA
PANTALONI	GONNA
GUANTI	SANDALI
CAPPELLO	SCARPA
CAPPOTTO	GREMBIULE
GIACCA	CAMICIA
ABITO	SCIARPA
COLLANA	CALZINI
MODA	MAGLIONE

79 - Vliegtuigen

```
S  L  R  N  R  I  D  R  O  G  E  N  O  Z  H  N
S  T  F  R  J  P  U  S  R  R  T  S  X  W  A  A
U  X  O  L  E  I  C  T  H  R  G  F  E  F  J  V
T  P  P  R  X  T  Q  E  K  C  O  L  B  E  F  I
C  U  A  O  I  G  G  A  P  I  U  Q  E  Q  U  G
A  A  R  L  N  A  I  R  A  T  O  L  I  P  S  A
R  T  E  B  L  E  P  O  N  K  F  O  Y  P  S  R
B  T  F  G  O  O  R  E  G  G  E  S  S  A  P  E
U  E  S  K  W  L  N  A  V  V  E  N  T  U  R  A
R  R  O  M  A  S  E  C  S  I  D  G  X  G  A  J
A  R  M  Z  R  H  R  N  I  U  C  I  S  Y  E  N
N  A  T  E  F  X  O  Y  Z  N  R  S  M  K  T  D
T  G  A  Z  Z  E  T  L  A  A  O  E  Q  O  X  L
E  G  Z  C  B  U  O  Z  G  O  E  D  Y  Q  F  E
M  I  T  W  H  I  M  D  I  R  E  Z  I  O  N  E
F  O  C  O  S  T  R  U  Z  I  O  N  E  Z  S  O
```

DISCESA	ATTERRAGGIO
ATMOSFERA	ARIA
AVVENTURA	MOTORE
PALLONCINO	NAVIGARE
EQUIPAGGIO	DESIGN
COSTRUZIONE	PASSEGGERO
CARBURANTE	PILOTA
STORIA	DIREZIONE
CIELO	TURBOLENZA
ALTEZZA	IDROGENO

80 - Herbalisme

```
A M U M W I B Q N Y O O T S U G
M G O Q M N I U G U I R R C W Q
I O L O L G J A P Z H I P M I O
M U L I K R X L Y D C G O M I T
B U E R O E F I U A C A N Y L K
A K C A N D C T E M O N I O F L
S G N N A I C À X B N O D O K W
I S O I R E M A G G I O R A N A
L Q G L E N V M Q L F F A U I J
I D A U F T C E O P A B I A H A
C L R C F E Q T R H Z V G U D N
O Q D G A X N H T D T K A T D E
T D T K Z F I O R E E Z I N I T
A R O M A T I C O F B I H C D O
X I A L U J R O S M A R I N O A
Y U P R E Z Z E M O L O B O O T
```

AROMATICO
BASILICO
FIORE
CULINARIO
ANETO
DRAGONCELLO
VERDE
INGREDIENTE
AGLIO
QUALITÀ

LAVANDA
MAGGIORANA
ORIGANO
PREZZEMOLO
ROSMARINO
ZAFFERANO
GUSTO
TIMO
GIARDINO
FINOCCHIO

81 - Kracht en Zwaartekracht

```
B O W P T E M P O J R O P A T X
K E S L E E K R E K J T A Z N Y
I N H C Y S Z H S Y D N J W M W
F O J C O R O M S I T E N G A M
L I C S O P E L X W L M F E U A
E S S A I T E N A I P I A S Q I
C S A I A D D R L E R V U P B T
E E T P C F U I T D O O M A K G
N R T E I A O T T A P M I N O V
T P R C N P X R S N R C C S R E
R L I P A Z N A T S I D H I B L
O L T J C Q D X H H E L H O I O
Z N O Z C H R Y K J T M Y N T C
J C C Z E D K C D Z À I R E A I
O K N I M D I N A M I C O S D T
U N I V E R S A L E K I P Y S À
```

DISTANZA
ASSE
ORBITA
MOVIMENTO
CENTRO
PRESSIONE
DINAMICO
PROPRIETÀ
PESO
IMPATTO

MAGNETISMO
MECCANICA
FISICA
SCOPERTA
PIANETI
VELOCITÀ
TEMPO
ESPANSIONE
UNIVERSALE
ATTRITO

82 - Het Bedrijf

```
J G E N O I Z A T N E S E R P R
I N D U S T R I A C I T D N O E
D E C I S I O N E Q X T P D S P
P R O G R E S S O D H Q O U S U
I R A L A S C W Y A D K I N I T
M N J T P O K B N J L A H I B A
Q I N H O V Q U A L I T À T I Z
Z J Z O T I D D E R H G I À L I
T O Y T V T O G Z H C E C H I O
I E K T Y A B P Y P S N W N T N
W L N O G E T S P N I E O F À E
Z A Y D U R X I B F R R Z P Z L
Z B M O E C K R V S H A J C G Y
D O E R R N T X H O Q R Z R Q Y
Y L D P S F Z H Q E X E G O J E
F G R A O T N E M I T S E V N I
```

DECISIONE
CREATIVO
UNITÀ
GENERARE
GLOBALE
INDUSTRIA
REDDITO
INNOVATIVO
INVESTIMENTO

QUALITÀ
SALARI
POSSIBILITÀ
PRESENTAZIONE
PRODOTTO
REPUTAZIONE
RISCHI
TENDENZE
PROGRESSO

83 - Rijden

```
K B T I T C G O P K M I A B Y M
S H C M Q O K A O D C Q H R G O
T U C I P W I P S J W U O I Z T
R D Z O C I F F A R T B A L N O
A L Q O Z N Q V E L O C I T À R
D M O T O C T L W L A E Z N G E
A R E R H I U I Z J A T I K J I
G B Q O C D N Y Z M U N L L X X
X A E P X E N F J Z C A O N K J
U Z R S I N E M A M D R P D K X
N N O A D T L K U A N U U C E X
N E A R G E Z G T P S B L A O P
G C W T C E M S O P T R D M Z Q
S I C U R E Z Z A A H A O I E A
W L P E R I C O L O L C H O F S
F R E N I I U B G Q A N M N N L
```

AUTO
CARBURANTE
GARAGE
GAS
PERICOLO
MAPPA
LICENZA
MOTORE
MOTO
INCIDENTE

POLIZIA
FRENI
VELOCITÀ
TUNNEL
SICUREZZA
TRAFFICO
TRASPORTO
PEDONALE
CAMION
STRADA

84 - Wetenschap

```
D  R  L  Z  E  F  E  D  S  O  D  O  T  E  M  N
S  D  À  Q  N  O  S  H  F  I  J  S  I  P  G  A
F  A  T  T  O  S  P  X  M  R  D  S  W  E  J  T
Q  O  I  I  I  S  E  E  L  O  C  E  L  O  M  U
Z  R  V  N  Z  I  R  L  O  T  H  R  I  T  B  R
G  P  A  O  U  L  I  L  R  A  P  V  L  W  J  A
S  T  R  E  L  E  M  E  G  R  T  A  I  D  T  R
M  C  G  T  O  S  E  C  A  O  P  Z  E  K  N  K
W  I  I  W  V  A  N  I  N  B  H  I  T  R  W  C
C  M  N  E  E  C  T  T  I  A  Q  O  N  Y  X  L
H  Z  L  E  N  F  O  R  S  L  W  N  X  Y  Z  I
I  Z  B  M  R  Z  H  A  M  R  G  E  B  N  K  M
M  M  O  E  H  A  I  P  O  F  I  S  I  C  A  A
I  Y  G  P  G  H  L  A  I  P  O  T  E  S  I  R
C  S  J  Y  I  C  U  I  T  A  D  U  M  Y  H  F
O  P  N  Q  Y  O  E  K  N  O  A  T  O  M  O  E
```

ATOMO
CHIMICO
PARTICELLE
EVOLUZIONE
ESPERIMENTO
FATTO
FOSSILE
DATI
IPOTESI
CLIMA

LABORATORIO
METODO
MINERALI
MOLECOLE
NATURA
FISICA
OSSERVAZIONE
ORGANISMO
SCIENZIATO
GRAVITÀ

85 - Natuurkunde

```
G F U N F S L A M P I A Y E Z E
R R S K O P B P B O B K I L N L
A E K E R A S S A M T Y F A U E
V Q L I M R M P W I G O E S P T
I U N Q U T A A J F A A R R X T
T E S W L I C T G G S S Y E C R
À N K C A C F C O N G E K V A O
T Z T A L E T U B M E À A I O N
V A U L Y L W Q W I O T C N S E
E Y U O E L M Y A L B I I U Y P
L I G C D A U W Q D J S N S W Q
O T N E M I R E P S E N A B M G
C M C L C H I M I C O E C W Y O
I T A O O Q S T C M U D C E D W
T Y I M K Z Q K W M Z W E F J R
À T I V I T A L E R G Q M T R H
```

ATOMO
CAOS
CHIMICO
PARTICELLA
DENSITÀ
ELETTRONE
ESPERIMENTO
FORMULA
FREQUENZA
GAS

MAGNETISMO
MASSA
MECCANICA
MOLECOLA
MOTORE
RELATIVITÀ
VELOCITÀ
UNIVERSALE
GRAVITÀ

86 - Muziekinstrumenten

```
B P A M H N O E U I A S M T L T
T A M B U R O B Y J G Z A P R A
P A G N J E E N O B M O R T S M
M A N D O L I N O E C K I F A B
B J O H X E K A E X A T M L S U
G A G L G H O H R M B T B A S R
P R N Y T A X F B M I G A U O E
T R K J C S L T M Z O W D T F L
A A X X O T T O G A F N C O O L
S T P I A N O F O R T E I A N O
M I L C L A R I N E T T O C O N
R H P E R C U S S I O N E J A I
M C S X J H T E B J F I Z J Q L
V I O L O N C E L L O K P Y J O
T R O M B A A P N K U U J P O I
B Z W J O R N C L W L Q R F L V
```

BANJO
VIOLONCELLO
FAGOTTO
FLAUTO
CHITARRA
GONG
ARPA
OBOE
CLARINETTO
MANDOLINO

MARIMBA
ARMONICA
PERCUSSIONE
PIANOFORTE
SASSOFONO
TAMBURELLO
TROMBONE
TAMBURO
TROMBA
VIOLINO

87 - Antiek

```
I N S O L I T O Z C Y A A J Q C
O F D Q J E X S Z A S L Y R T U
R M E M O B I L I O C O C S N A
P E M E T O E R O L A V B B X H
R Y D E A R X T Z Y G X S I I E
V E C C H I O U R E S T A U R O
X N S C U L T U R A F K M D D C
I N V E S T I M E N T O M I E I
I Q Z A S E L E G A N T E P C T
J G L J K T J M O N E T E I O N
A T S I N O I Z E L L O C N R E
A B U A I R E L L A G B K T A T
Q E B Z S U U I E C U C I I T U
A N Z G À T I L A U Q Q T N I A
P F H F A J A S T P L C D R V L
D K Q P R E Z Z O L O C E S O M
```

AUTENTICO
SCULTURA
DECORATIVO
SECOLO
ELEGANTE
GALLERIA
INVESTIMENTO
ARTE
QUALITÀ
MOBILIO

MONETE
INSOLITO
VECCHIO
PREZZO
RESTAURO
DIPINTI
STILE
ASTA
COLLEZIONISTA
VALORE

88 - Koffie

```
L X S M E A M E R C Y E P S O E
K I S Q Z C R G X J E A F U R B
W R Q A B I H T Q Z F G T O I B
E P F U W D U E K P F L O R G L
E U T E I O T I T S O R R A I D
G P B H J D C H K P R C E M N U
M H B A G X O M A T T I N A E B
C T T J H B R Q U N L L Q M Z G
M Y F I D F E N Q P I S D O L U
T A I H W F H Z C H F E U R S S
T D C N M R C Y A Q M L F A S T
H N A I J P C P R E Z Z O F M O
I A Y L N T U V A R I E T À A I
R V P D L A Z Z A T F N J A N C
I E T T A L R Q I C E Y Y T B N
P B H H Q H W E D B X Q D I O L
```

AROMA

TAZZA

AMARO

CAFFEINA

BEVANDA

FILTRO

ARROSTITO

MACINARE

LATTE

MATTINA

ORIGINE

PREZZO

CREMA

GUSTO

ZUCCHERO

VARIETÀ

LIQUIDO

ACQUA

ACIDO

NERO

89 - Schaken

```
P E R I M P A R A R E Q T G I Z
I W E N O I P M A C J H O I N F
E R S B C I T N U P Z K R O T P
N E R O G R C O P M E T N C E Y
J B R W R E B I A N C O E A L P
R R F I Z L G R F I D S O T L A
M E D M R O B A W I F R F O I S
B Q G F J G F S P Z R O F R G S
W W K I F E L R N W K C K E E I
S D I G N R Y E M O U N A J N V
S P A S B A F V K N Z O C S T O
B F W J P C X V W C D C L G E I
B D I O S M L A I G E T A R T S
J Z X D D I A G O N A L E B N A
T A L P E G I O C O P P W R W E
P X C R R P G B U X R H L Z E M
```

DIAGONALE
CAMPIONE
RE
REGINA
PER IMPARARE
SACRIFICIO
PASSIVO
PUNTI
REGOLE
INTELLIGENTE

GIOCO
GIOCATORE
STRATEGIA
AVVERSARIO
TEMPO
TORNEO
SFIDE
CONCORSO
BIANCO
NERO

90 - Boerderij #1

```
G R R Z O C Q S R M C M K X I A
C A M Q D Z A Q O E G G E R G P
F K U N I E J E Q N C B Z R Y E
E G C V K A Q L S A Z I S J R C
R K C I P J A U Q C A M N B T A
T K A T K E P Y O I W E S T W P
I N R E I N U U L H R S F Q O R
L S U L E C I L Q A L I P W N A
I W T L M R Z C O R V O S H E N
Z C L O Z G L D N P X N W O I A
Z Z O P T Y T Q I P N F M K F J
A J C F O E G Y S X Y W S K T H
N F I O L L A V A C C A M P O E
T D R Q O E L G N R N J I N L Q
E S G C T I F O T T A G B H G K
J N A B W M S U G X K M W X G H
```

APE   MUCCA
ASINO   CORVO
CAPRA   GREGGE
RECINTO   AGRICOLTURA
CANE   FERTILIZZANTE
MIELE   CAVALLO
FIENO   RISO
VITELLO   CAMPO
GATTO   ACQUA
POLLO   SEMI

91 - Huis

```
B A O N E T T P S Z B E S C C A
I S S R M Q E A C E X H G A U T
B C J C U Y T R A T R O P M C T
L A N F O I T E L B K W I E I I
I N P J I P O T E A I I O R N C
O T A S L K A E D N P M Z A A O
T I G S I B O G Y O T N I C E R
E N L F B J N A R N C K D Z N D
C A G A O R Q R H I C C S G W E
A T A P M Z G A X D A Q I U A P
I O D C S P K G A R M B X A T G
U X Y Z S J A E F A I J M X K H
T A P P E T O D X I N D T S D X
S P E C C H I O A G O S Q B F O
H S O F F I T T O N W E W L R P
B D A G N I B Y H T P L C R Z U
```

SCOPA
BIBLIOTECA
TETTO
PORTA
DOCCIA
GARAGE
CAMINO
RECINTO
CAMERA
SCANTINATO

CUCINA
LAMPADA
MOBILIO
PARETE
SOFFITTO
SPECCHIO
TAPPETO
SCALE
GIARDINO
ATTICO

92 - Geometrie

```
O T N E M G E S T D P D O A J S
L O G I C A C Y C J E Q R N E K
E R P C Q U A D R A T O I G D U
L T O I H C R E C A Q J Z O I X
L E P F N C O A H S S N Z L M X
A M V R Y A A D R W S C O O E J
R A E E G U I L Z U M R N L N W
A I R P Y M R B C S A W T O S A
P D T U C U T L M O C U A G I L
M M I S Q C E C A B L T L N O T
P J C B S E M E U T Q O E A N E
O N A I D E M B G R M P A I E Z
T R L S C L I K W R V X F R O Z
I M E X S Q S Q Z O D A Z T Q A
C C E Q U A Z I O N E G C S Z G
T E O R I A M W A R R E W I S K
```

CALCOLO
CERCHIO
CURVA
DIAMETRO
DIMENSIONE
TRIANGOLO
ANGOLO
ALTEZZA
ORIZZONTALE
LOGICA

MASSA
MEDIANO
SUPERFICIE
PARALLELO
SEGMENTO
SIMMETRIA
TEORIA
EQUAZIONE
VERTICALE
QUADRATO

93 - Jazz

```
Q M A A R T I S T A J G Y C C K
G M Z P T A L E N T O E Q A O M
F R F W P U X U L L D N Q N M F
P I Q D D L B H X D Z E F Z P I
T T O Y S Q A G J J U R T O O X
N M E L Z C A U Z Y F E J N S Q
S O Z N U O V O S A A B P E I M
C A N O I J G Q L O C N J B Z U
P R E F E R I T I T I H F E I S
J T U L C B K G J R N H R D O I
I S L A I S A F N E C A C S N C
S E F L O T U J T C E C L C E A
G H N B M R S K Q N T H A O E C
R C I U A F F Z E O P M H Q I V
E R G M O J T O Z C F A M O S O
C O M P O S I T O R E I Q E F O
```

ALBUM

APPLAUSO

ARTISTA

FAMOSO

COMPOSITORE

CONCERTO

PREFERITI

GENERE

INFLUENZE

CANZONE

MUSICA

ENFASI

NUOVO

ORCHESTRA

VECCHIO

RITMO

COMPOSIZIONE

STILE

TALENTO

TECNICA

94 - Getallen

```
Z E U W X C Z T G X G H I T J J
D U E V O N N A I C I D V R X M
R Z R X A A K I M W C H E E T D
P O T T O I C I D C I B N D N A
H D R B M C D M C D D B T I W O
L E S E I I I Z S X O A I C W S
U U X L Z D C N E D D F X I D N
Z N T B S R I P D T C I M I W P
O O O T T O A E I C I D N I U Q
T Z R U Q T S R C D N S J P M M
B C T C I T S M I R Q G S C E Y
H X T S T A E Z D A U O B A F P
O H A E N U T Q Y I E S X L A X
K X U T D Q T N L Y E Q N O V E
T Q Q T H Y E F M A M C Y F X X
Z E Q E P R Q N D B M G I D X S
```

OTTO	DUE
DICIOTTO	VENTI
TREDICI	QUATTORDICI
TRE	QUATTRO
UNO	CINQUE
NOVE	QUINDICI
DICIANNOVE	SEI
ZERO	SEDICI
DIECI	SETTE
DODICI	DICIASSETTE

95 - Boerderij #2

```
H P I K F I R R I G A Z I O N E E
M B J T E R O T T A R T X T X K
E S S X U O U Y W Q Y B O A X P
R F I A N T L T F C I D Q R U Q
O W I X X T B G T I N Q S P X D
T M R P C Q L R G E E O Y A I B
L G W R B J T H M B T N O K C I
O A R U D R E V X W A O I L E P
C M T P A N I M A L I G L L P J
I A R T A N A E M W A R O C E P
R L M T E S O S A I T A B F R C
G A G N E L L O I O F N I B O Q
A U P Z E O L A S R R O C A T K
H N E X U K X E T Z G C F D S W
A L V E A R E T X O M E B O A W
I P T F R U T T A K A J W I P F
```

ALVEARE
AGRICOLTORE
FRUTTETO
ANIMALI
ANATRA
FRUTTA
ORZO
VERDURA
PASTORE
IRRIGAZIONE

AGNELLO
LAMA
MAIS
LATTE
PECORA
FIENILE
GRANO
TRATTORE
CIBO
PRATO

96 - Psychologie

```
E  I  N  G  O  S  Q  Q  T  I  I  S  A  U  A  E
P  S  N  F  O  O  G  A  E  P  N  E  P  D  U  V
R  S  P  F  Q  C  R  Y  R  M  C  N  P  T  E  A
O  T  W  E  A  I  F  I  A  R  O  S  U  K  M  L
B  E  E  N  R  N  Q  K  P  E  N  A  N  I  O  U
L  B  B  A  R  I  Z  J  I  A  S  Z  T  U  Z  T
E  O  Y  T  J  L  E  I  A  L  C  I  A  J  I  A
M  O  E  E  B  C  M  N  A  T  I  O  M  P  O  Z
A  T  F  L  Z  M  M  I  Z  À  O  N  E  E  N  I
À  T  I  L  A  N  O  S  R  E  P  E  N  N  I  O
R  I  N  E  S  N  E  W  C  K  E  R  T  S  B  N
K  L  E  X  D  P  G  U  L  Z  G  Y  O  I  E  E
A  F  G  W  I  R  O  B  L  A  Y  T  F  E  T  E
X  N  O  L  U  L  C  H  N  F  D  K  T  R  Z  G
C  O  M  P  O  R  T  A  M  E  N  T  O  I  X  X
J  C  D  Y  G  W  E  N  O  I  Z  I  N  G  O  C
```

APPUNTAMENTO   COMPORTAMENTO
VALUTAZIONE   SENSAZIONE
INCONSCIO   INFLUENZE
COGNIZIONE   INFANZIA
CONFLITTO   CLINICO
SOGNI   PERSONALITÀ
EGO   PROBLEMA
EMOZIONI   REALTÀ
ESPERIENZE   TERAPIA
PENSIERI

97 - Zakelijk

```
S P D S A P J O F O D I L S Z U
J P C P C M P H K A I T R O N I
F C J B I O O F P Y B B R L Z I
I N B T B Q N F A Z H B O D T G
N E O D T W O T I D D E R I R Q
A T I D N E V C O L C C S I C D
N N C E S S A T A T U L A V C H
Z E N C H L F U E P F W X U O A
A D A O I F L D T M O G O Q T N
L N L N C O S T O K U N D E T E
F E I O T N E M I T S E V N I G
K P B M C A R R I E R A Q E F O
P I O I U F F I C I O D E P O Z
L D I A Z S O C I E T À W O R I
P K O P H L G D K X G K K U P O
T R A N S A Z I O N E U J Q P Y
```

CAPO
SOCIETÀ
BILANCIO
TASSE
CARRIERA
ECONOMIA
FABBRICA
FINANZA
SOLDI
REDDITO

INVESTIMENTO
UFFICIO
SCONTO
COSTO
TRANSAZIONE
VALUTA
VENDITA
DIPENDENTE
NEGOZIO
PROFITTO

98 - Voeding

```
L S H Q G S E E O G H E N D V N
Q A N I S S O T G J U K G N I U
P L A Q I D A H M I P S C Z T T
F U D Q P M M M T C E P T O A R
À T I L A U Q H A Q S Z T O M I
U E N I E T O R P R O Y U F I E
B I L A N C I A T O O Z Z H N N
E E B X W R O T G I Z I B D A T
T G P O F P D H Q F E D X N U E
C A L O R I E N O I T S E G I D
A P P E T I T O S A L S A W R S
H Y E L I B I T S E M M O C D G
L I Q U I D I M O A D I E T A M
F J I E N O I Z A T N E M R E F
C A R B O I D R A T I O Q E C K
B D H S L L B E T U G W H L D Q
```

AMARO
CALORIE
DIETA
COMMESTIBILE
APPETITO
PROTEINE
BILANCIATO
FERMENTAZIONE
PESO
SANO

SALUTE
CARBOIDRATI
QUALITÀ
SALSA
GUSTO
DIGESTIONE
TOSSINA
VITAMINA
LIQUIDI
NUTRIENTE

99 - Chemie

```
D  S  P  W  U  W  O  D  I  U  Q  I  L  A  M  C
W  B  Y  D  E  N  O  R  T  T  E  L  E  C  E  A
A  Y  B  J  T  U  Z  G  G  W  U  E  O  I  T  T
Y  J  T  G  I  E  L  A  S  A  Z  B  C  D  A  A
O  S  E  P  S  W  M  L  O  N  N  I  C  O  L  L
A  N  Z  T  D  J  J  P  N  H  H  I  B  T  L  I
T  T  E  N  O  I  Z  A  E  R  J  U  C  U  I  Z
I  Q  R  G  X  O  W  U  G  R  Y  C  U  O  D  Z
C  L  O  R  O  Z  E  E  I  I  A  H  O  S  S  A
Z  H  L  D  U  R  A  N  S  O  L  T  P  N  W  T
S  J  A  G  W  A  D  Z  S  N  O  P  U  T  K  O
I  Z  C  Z  T  S  I  I  O  E  C  I  L  R  I  R
O  N  W  M  N  A  E  M  C  L  E  S  L  C  A  E
W  H  X  Z  Y  F  S  A  G  G  L  R  Y  I  N  Z
C  A  R  B  O  N  I  O  J  M  O  I  K  Z  W  R
A  L  C  A  L  I  N  O  Z  I  M  D  U  K  L  F
```

ALCALINO
CLORO
ELETTRONE
ENZIMA
GAS
PESO
IONE
CATALIZZATORE
CARBONIO
METALLI

MOLECOLA
ORGANICO
REAZIONE
TEMPERATURA
LIQUIDO
CALORE
IDROGENO
SALE
ACIDO
OSSIGENO

1 - Metingen

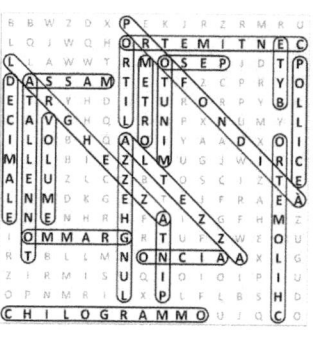

2 - Opwarming van de Aarde

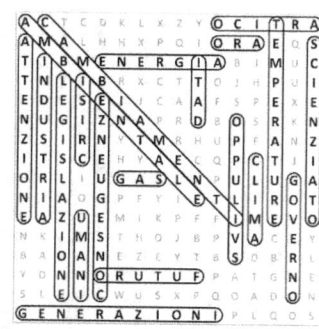

3 - Keuken

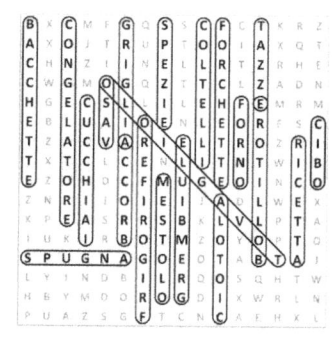

4 - Boten

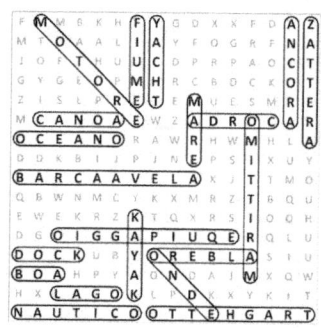

5 - Chocolade

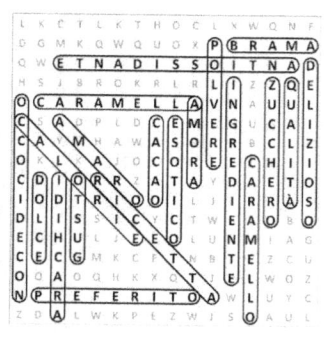

6 - Gezondheid en Welzijn #2

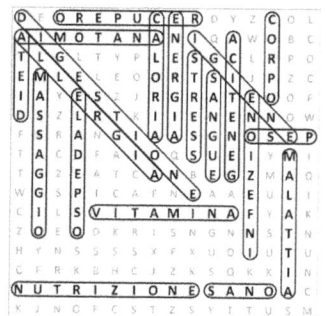

7 - Tijd

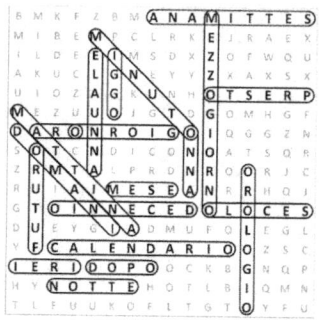

8 - Meditatie

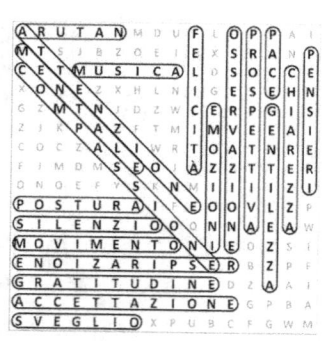

9 - Muziek

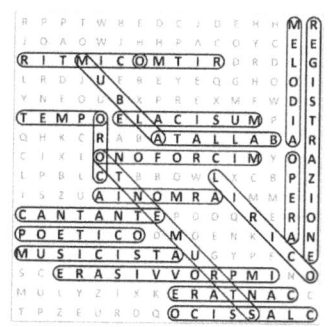

10 - Vogels

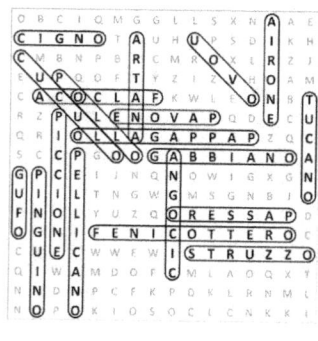

11 - Universum

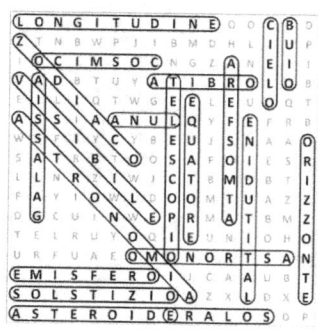

12 - Wiskunde

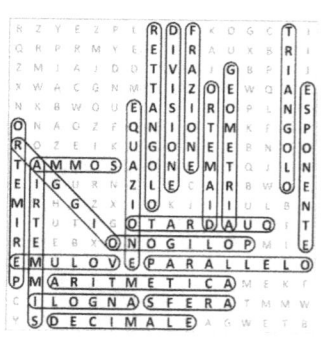

13 - Gezondheid en Welzijn #1

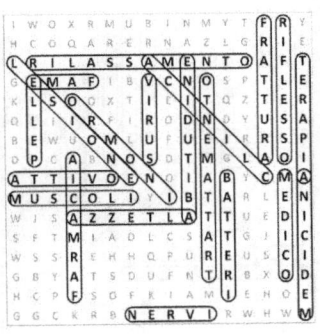

14 - Camping

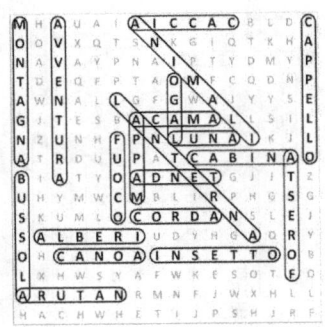

15 - Algebra

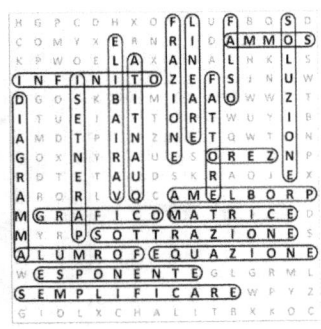

16 - Activiteiten

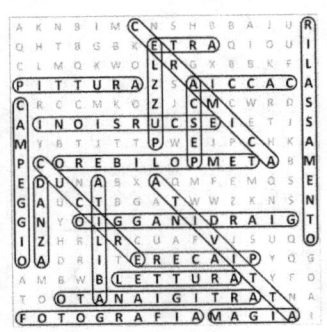

17 - Vormen

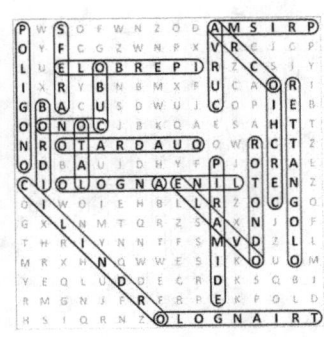

18 - Diplomatie

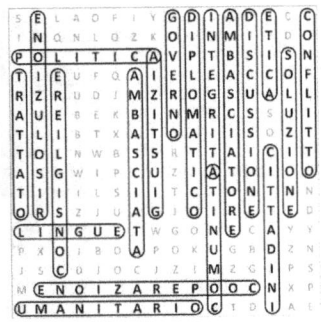

19 - Astronomie

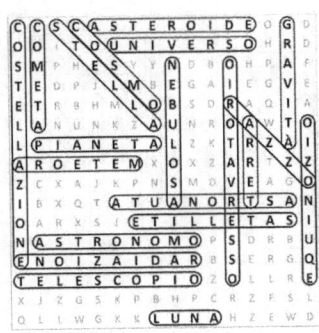

20 - Emoties

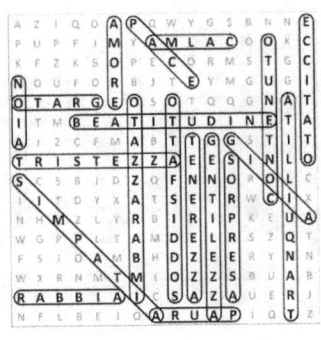

21 - Vakantie #2

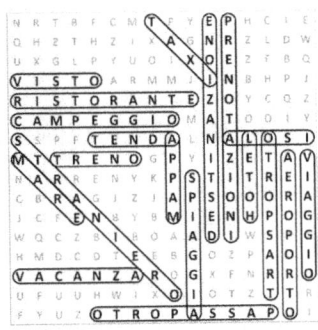

22 - Eten #2

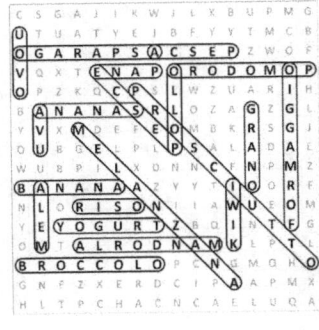

23 - Restaurant #1

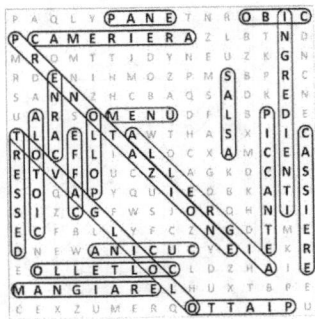

24 - Geologie

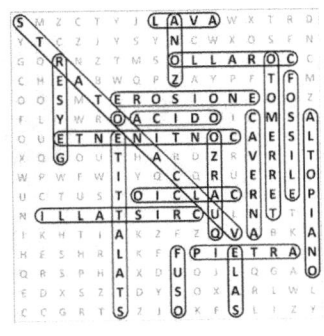

25 - Specerijen

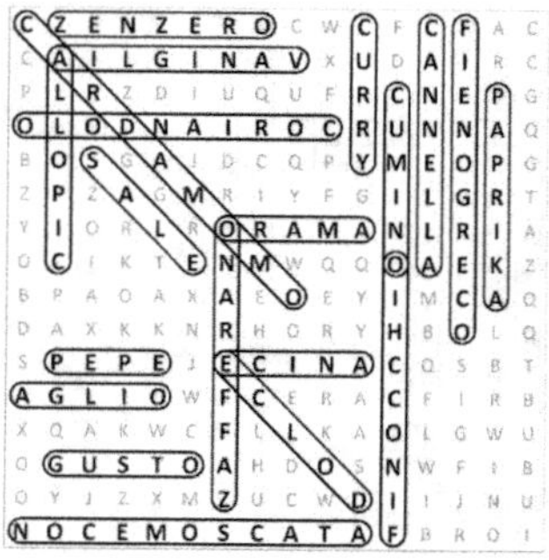

26 - Groenten

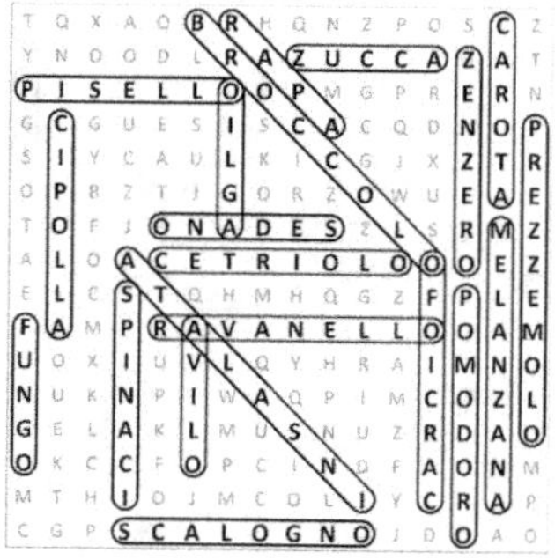

27 - Archeologie

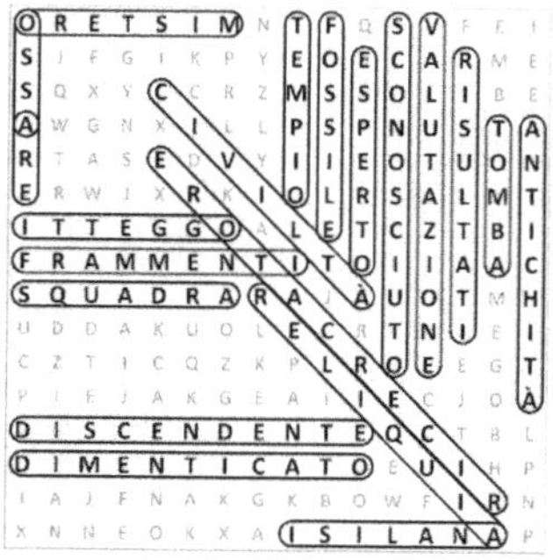

28 - Dans

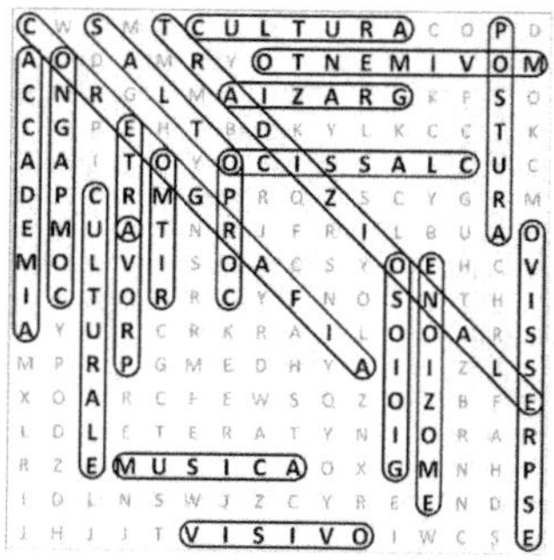

29 - Ziekte

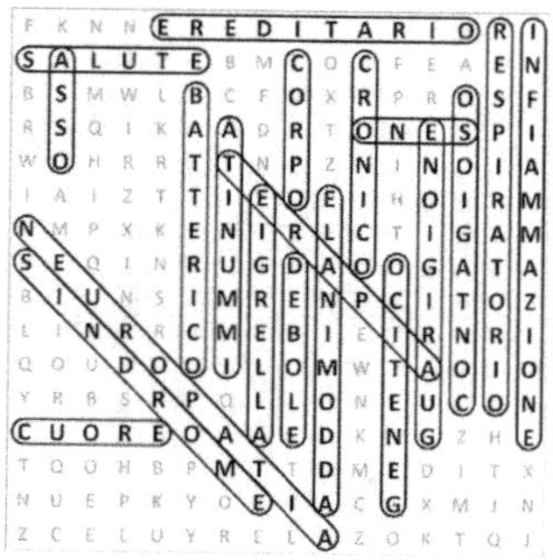

30 - Mythologie

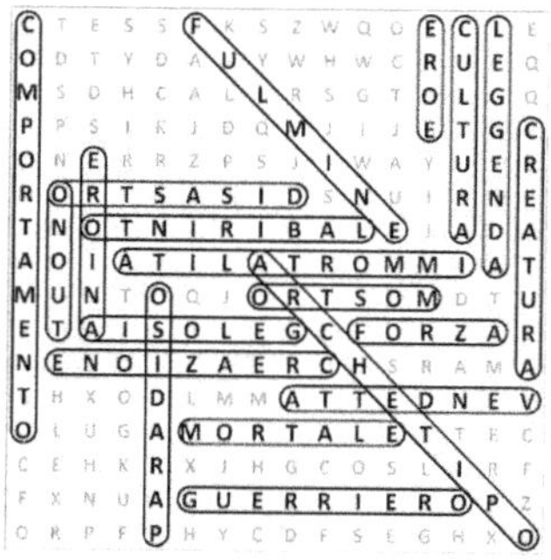

31 - Eten #1

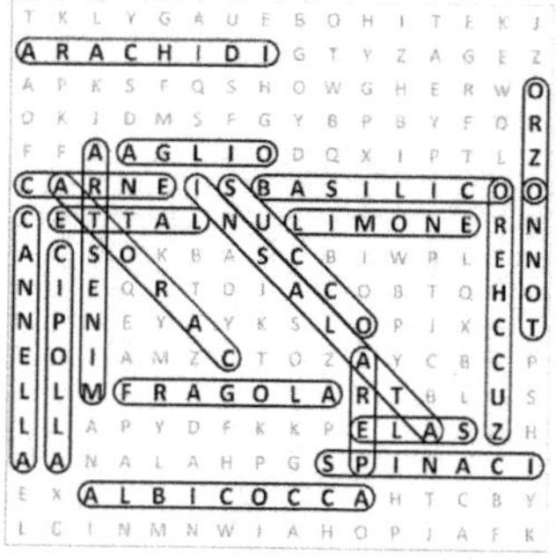

32 - Avontuur

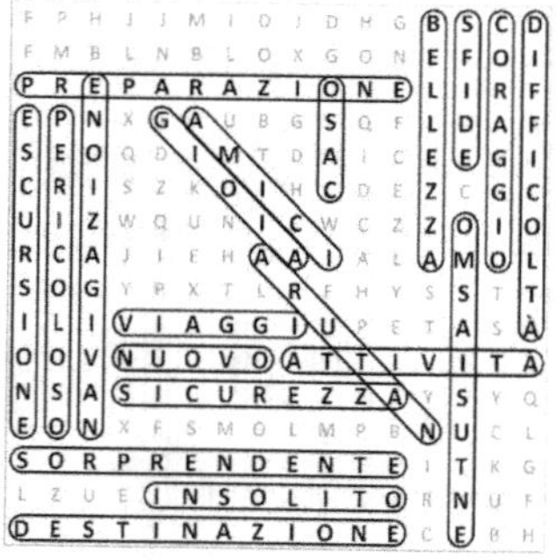

33 - Restaurant #2

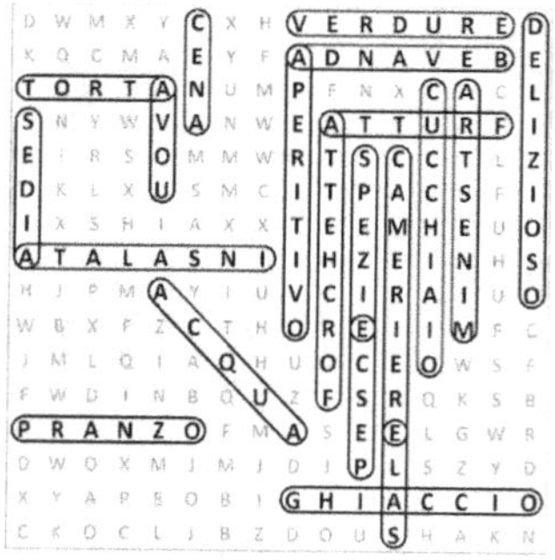

34 - De Media

35 - Bijen

36 - Wandelen

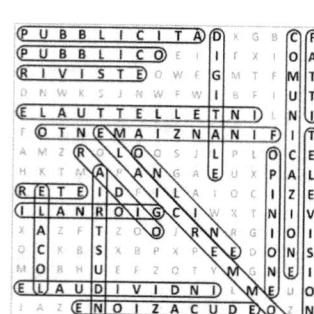

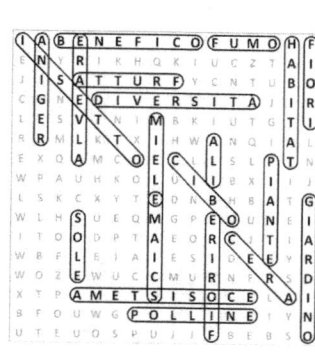

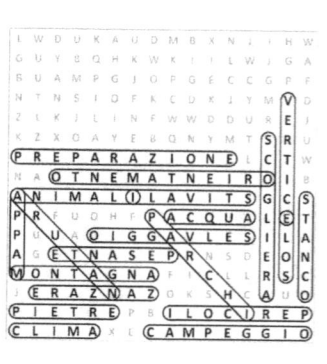

37 - Ecologie

38 - Biologie

39 - Landen #1

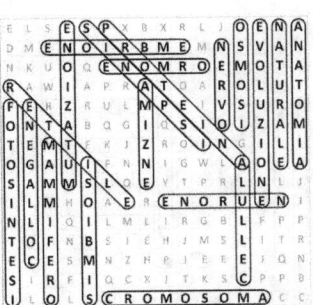

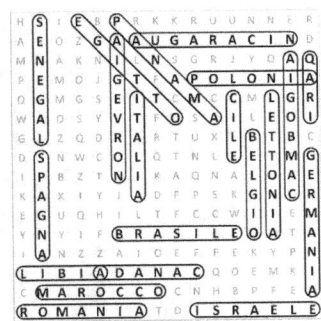

40 - Installaties

41 - Agronomie

42 - Oceaan

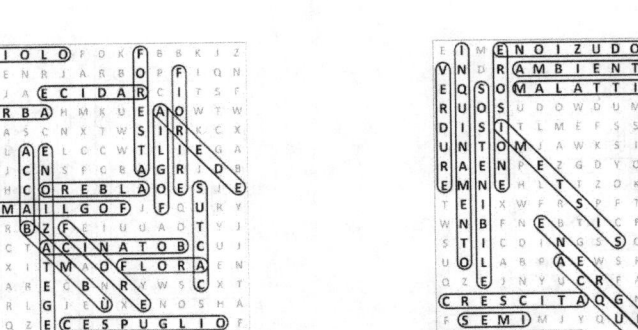

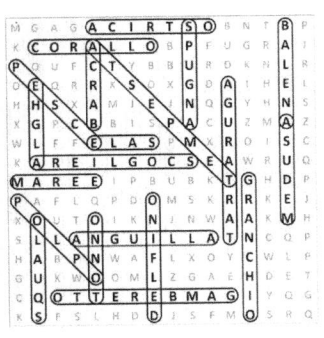

43 - Landen #2

44 - Bloemen

45 - Landschappen

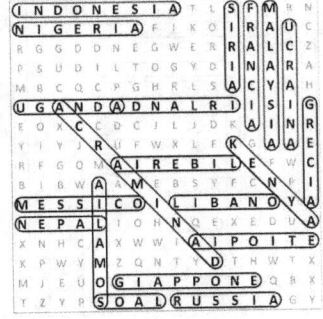

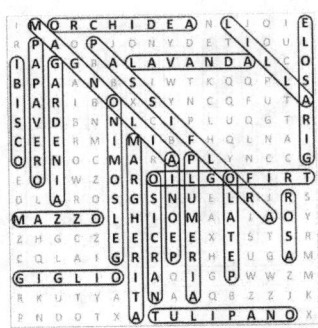

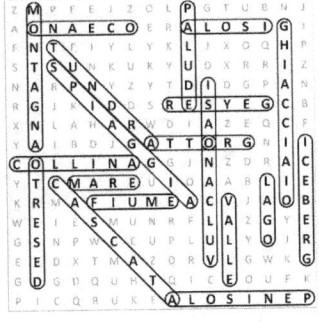

46 - Tuin

47 - Beroepen #2

48 - Dagen en Maanden

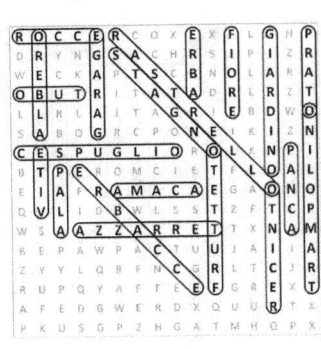

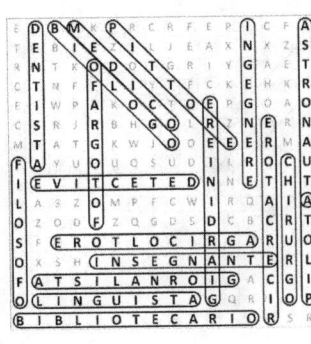

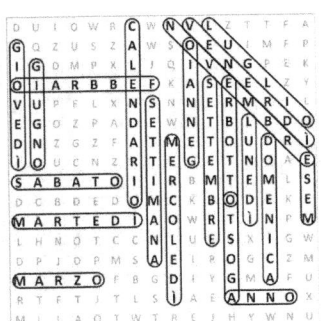

49 - Mode

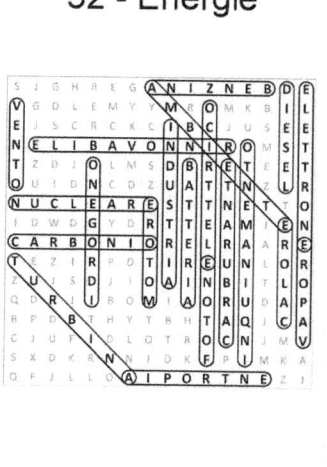

50 - Tuinieren

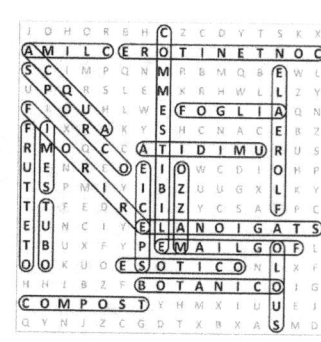

51 - Menselijk Lichaam

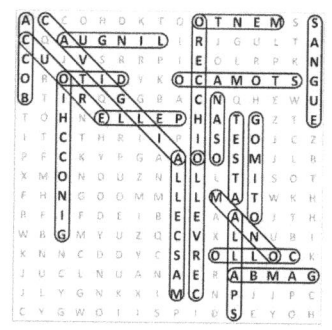

52 - Energie

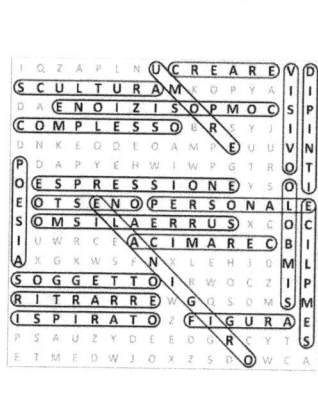

53 - Familie

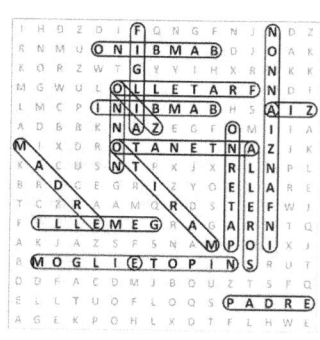

54 - Gebouwen

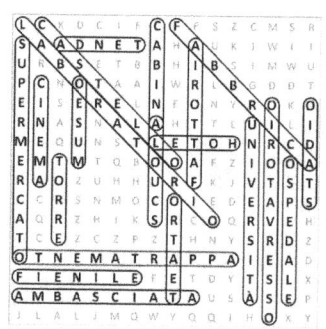

55 - Kunst

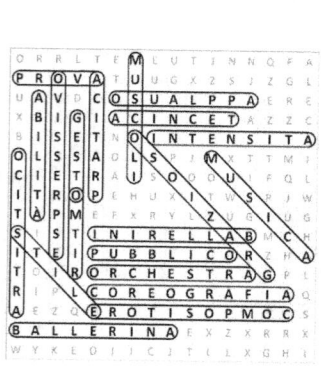

56 - Beroepen #1

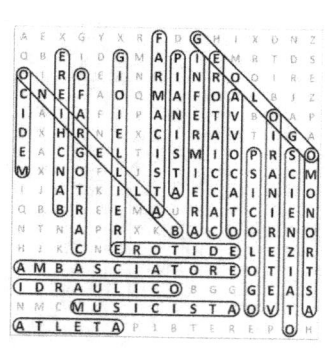

57 - Antarctica

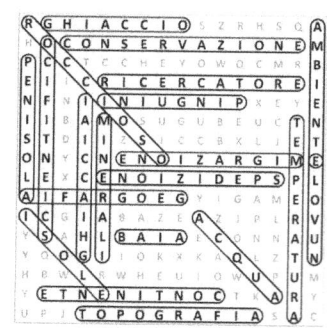

58 - Ballet

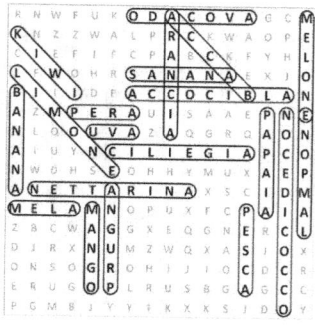

59 - Fruit

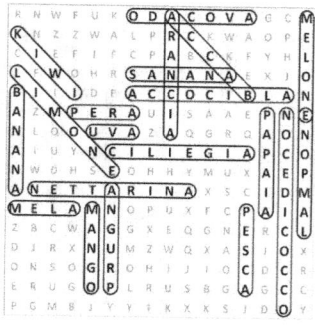

60 - Engineering

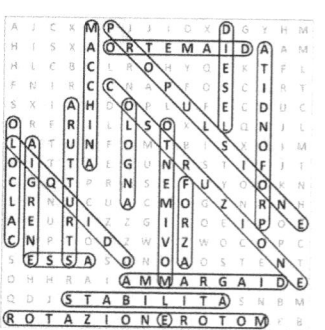

61 - Literatuur

62 - Boeken

63 - Meer Informatie

64 - Regenwoud

65 - Haartypes

66 - Stad

67 - Creativiteit

68 - Natuur

69 - Zoogdieren

70 - Overheid

71 - Voertuigen

72 - Geografie

73 - Kunstbenodigdhe

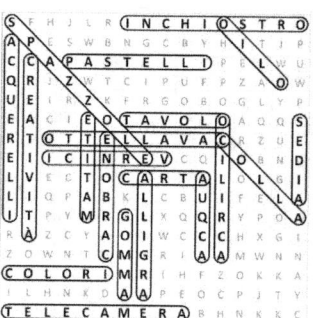

74 - Barbecues

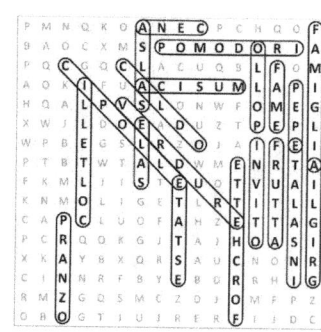

75 - Schoonheid

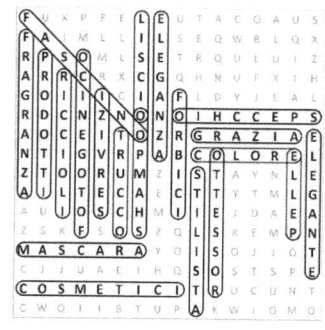

76 - Wetenschappelijk

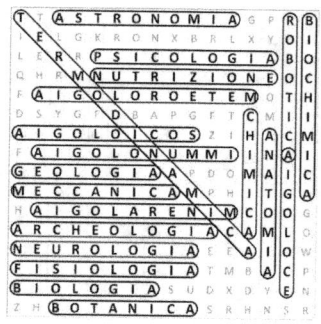

77 - Bijvoeglijke Naamwoorden

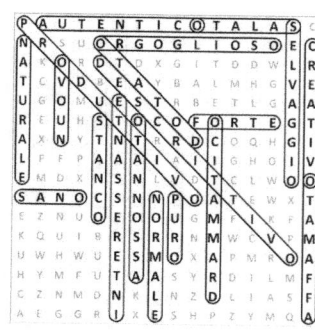

78 - Kleding

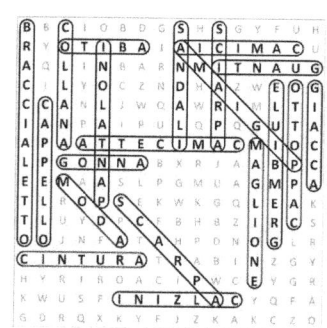

79 - Vliegtuigen

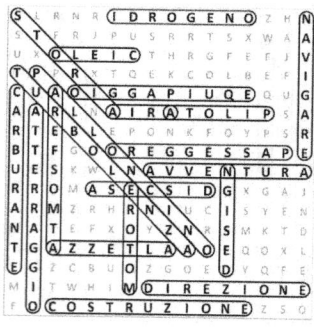

80 - Herbalisme

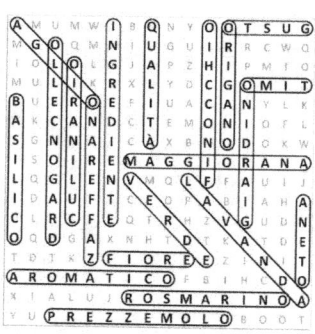

81 - Kracht en Zwaartekracht

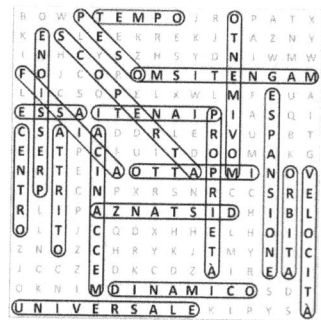

82 - Het Bedrijf

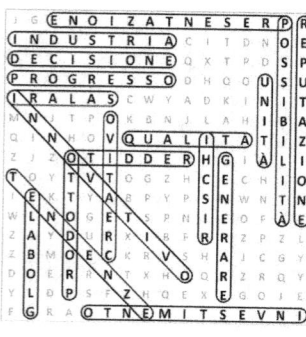

83 - Rijden

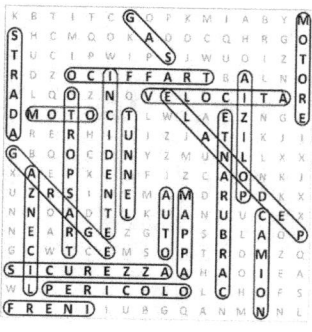

84 - Wetenschap

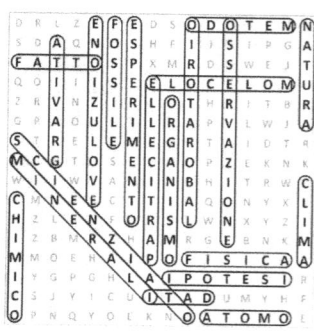

85 - Natuurkunde

86 - Muziekinstrument

87 - Antiek

88 - Koffie

89 - Schaken

90 - Boerderij #1

91 - Huis

92 - Geometrie

93 - Jazz

94 - Getallen

95 - Boerderij #2

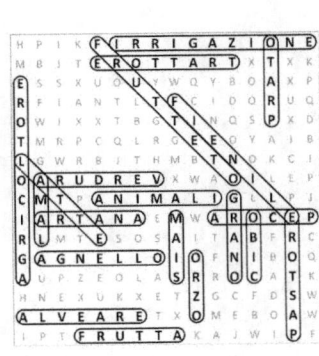

96 - Psychologie

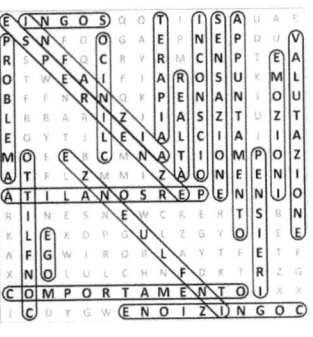

97 - Zakelijk

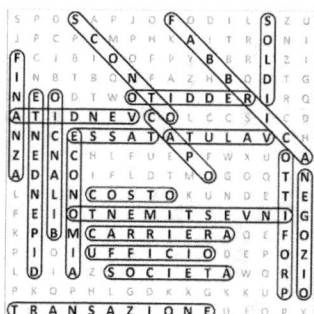

98 - Voeding

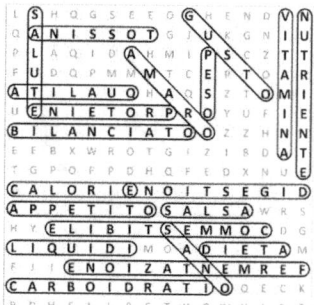

99 - Chemie

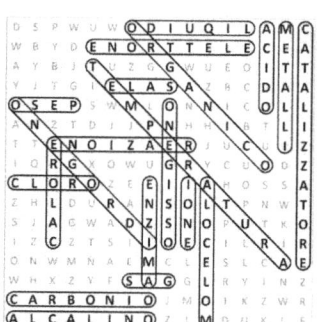

Woordenboek

Activiteiten
Attività

Activiteit	Attività
Ambachten	Artigianato
Dansen	Danza
Fotografie	Fotografia
Hengelsport	Pesca
Jacht	Caccia
Kamperen	Campeggio
Keramiek	Ceramica
Kunst	Arte
Lezen	Lettura
Magie	Magia
Naaien	Cucire
Ontspanning	Rilassamento
Plezier	Piacere
Puzzels	Puzzle
Schilderij	Pittura
Tuinieren	Giardinaggio
Vaardigheid	Abilità
Vrije Tijd	Tempo Libero
Wandelen	Escursioni

Agronomie
Agronomia

Duurzaam	Sostenibile
Ecologie	Ecologia
Energie	Energia
Erosie	Erosione
Groei	Crescita
Groente	Verdure
Landbouw	Agricoltura
Landelijk	Rurale
Mest	Fertilizzante
Omgeving	Ambiente
Onderzoek	Ricerca
Organisch	Organico
Productie	Produzione
Systemen	Sistemi
Vervuiling	Inquinamento
Voedsel	Cibo
Water	Acqua
Wetenschap	Scienza
Zaden	Semi
Ziekten	Malattie

Algebra
Algebra

Aftrekken	Sottrazione
Diagram	Diagramma
Exponent	Esponente
Factor	Fattore
Formule	Formula
Fractie	Frazione
Grafiek	Grafico
Haakje	Parentesi
Hoeveelheid	Quantità
Lineair	Lineare
Matrix	Matrice
Nul	Zero
Oneindig	Infinito
Oplossing	Soluzione
Probleem	Problema
Som	Somma
Vals	Falso
Variabele	Variabile
Vereenvoudigen	Semplificare
Vergelijking	Equazione

Antarctica
Antartide

Baai	Baia
Behoud	Conservazione
Continent	Continente
Eilanden	Isole
Expeditie	Spedizione
Geografie	Geografia
Gletsjers	Ghiacciai
Ijs	Ghiaccio
Migratie	Migrazione
Mineralen	Minerali
Omgeving	Ambiente
Onderzoeker	Ricercatore
Pinguïn	Pinguini
Rotsachtig	Roccioso
Schiereiland	Penisola
Temperatuur	Temperatura
Topografie	Topografia
Water	Acqua
Wetenschappelijk	Scientifico
Wolken	Nuvole

Antiek
Antiquariato

Authentiek	Autentico
Beeldhouwwerk	Scultura
Decoratief	Decorativo
Eeuw	Secolo
Elegant	Elegante
Galerij	Galleria
Investering	Investimento
Kunst	Arte
Kwaliteit	Qualità
Meubilair	Mobilio
Munten	Monete
Ongewoon	Insolito
Oud	Vecchio
Prijs	Prezzo
Restauratie	Restauro
Schilderijen	Dipinti
Stijl	Stile
Veiling	Asta
Verzamelaar	Collezionista
Waarde	Valore

Archeologie
Archeologia

Analyse	Analisi
Beschaving	Civiltà
Bevindingen	Risultati
Botten	Ossa
Deskundige	Esperto
Evaluatie	Valutazione
Fossiel	Fossile
Fragmenten	Frammenti
Graf	Tomba
Mysterie	Mistero
Nakomeling	Discendente
Objecten	Oggetti
Onbekend	Sconosciuto
Onderzoeker	Ricercatore
Oudheid	Antichità
Relikwie	Reliquia
Team	Squadra
Tempel	Tempio
Tijdperk	Era
Vergeten	Dimenticato

Astronomie
Astronomia

Aarde	Terra
Asteroïde	Asteroide
Astronaut	Astronauta
Astronoom	Astronomo
Equinox	Equinozio
Komeet	Cometa
Kosmos	Cosmo
Maan	Luna
Meteoor	Meteora
Nevel	Nebulosa
Observatorium	Osservatorio
Planeet	Pianeta
Raket	Razzo
Satelliet	Satellite
Ster	Stella
Sterrenbeeld	Costellazione
Straling	Radiazione
Telescoop	Telescopio
Universum	Universo
Zwaartekracht	Gravità

Avontuur
Avventura

Activiteit	Attività
Bestemming	Destinazione
Enthousiasme	Entusiasmo
Excursie	Escursione
Gevaarlijk	Pericoloso
Kans	Caso
Moed	Coraggio
Moeilijkheid	Difficoltà
Natuur	Natura
Navigatie	Navigazione
Nieuw	Nuovo
Ongewoon	Insolito
Reizen	Viaggi
Schoonheid	Bellezza
Uitdagingen	Sfide
Veiligheid	Sicurezza
Verrassend	Sorprendente
Voorbereiding	Preparazione
Vreugde	Gioia
Vrienden	Amici

Ballet
Balletto

Applaus	Applauso
Artistiek	Artistico
Ballerina	Ballerina
Choreografie	Coreografia
Componist	Compositore
Dansers	Ballerini
Expressief	Espressivo
Gebaar	Gesto
Intensiteit	Intensità
Muziek	Musica
Orkest	Orchestra
Praktijk	Pratica
Publiek	Pubblico
Repetitie	Prova
Ritme	Ritmo
Sierlijk	Grazioso
Spieren	Muscoli
Stijl	Stile
Techniek	Tecnica
Vaardigheid	Abilità

Barbecues
Barbecue

Diner	Cena
Familie	Famiglia
Fruit	Frutta
Grill	Griglia
Groente	Verdure
Heet	Caldo
Honger	Fame
Kip	Pollo
Lunch	Pranzo
Messen	Coltelli
Muziek	Musica
Peper	Pepe
Salades	Insalate
Saus	Salsa
Tomaten	Pomodori
Uien	Cipolle
Uitnodiging	Invito
Vorken	Forchette
Zomer	Estate
Zout	Sale

Beroepen #1
Professioni #1

Advocaat	Avvocato
Ambassadeur	Ambasciatore
Apotheker	Farmacista
Astronoom	Astronomo
Atleet	Atleta
Bankier	Banchiere
Cartograaf	Cartografo
Danser	Ballerino
Dierenarts	Veterinario
Dokter	Medico
Editor	Editore
Geoloog	Geologo
Jager	Cacciatore
Juwelier	Gioielliere
Loodgieter	Idraulico
Muzikant	Musicista
Pianist	Pianista
Psycholoog	Psicologo
Verpleegster	Infermiera
Wetenschapper	Scienziato

Beroepen #2
Professioni #2

Arts	Medico
Astronaut	Astronauta
Bibliothecaris	Bibliotecario
Bioloog	Biologo
Boer	Agricoltore
Chirurg	Chirurgo
Detective	Detective
Filosoof	Filosofo
Fotograaf	Fotografo
Illustrator	Illustratore
Ingenieur	Ingegnere
Journalist	Giornalista
Leraar	Insegnante
Linguïst	Linguista
Onderzoeker	Ricercatore
Piloot	Pilota
Schilder	Pittore
Tandarts	Dentista
Tuinman	Giardiniere
Uitvinder	Inventore

Bijen
Api

Bijenkorf	Alveare
Bloemen	Fiori
Bloesem	Fiorire
Diversiteit	Diversità
Ecosysteem	Ecosistema
Fruit	Frutta
Habitat	Habitat
Honing	Miele
Insect	Insetto
Koningin	Regina
Planten	Piante
Rook	Fumo
Stuifmeel	Polline
Tuin	Giardino
Vleugels	Ali
Voedsel	Cibo
Voordelig	Benefico
Was	Cera
Zon	Sole
Zwerm	Sciame

Bijvoeglijke Naamwoorden
Aggettivi #1

Aantrekkelijk	Attraente
Actief	Attivo
Ambitieus	Ambizioso
Aromatisch	Aromatico
Artistiek	Artistico
Belangrijk	Importante
Diep	Profondo
Donker	Scuro
Dun	Sottile
Eerlijk	Onesto
Exotisch	Esotico
Identiek	Identico
Jong	Giovane
Lang	Lungo
Langzaam	Lento
Modern	Moderno
Onschuldig	Innocente
Perfect	Perfetto
Waardevol	Prezioso
Zwaar	Pesante

Bijvoeglijke Naamwoorden
Aggettivi #2

Authentiek	Autentico
Begaafd	Dotato
Beschrijvend	Descrittivo
Creatief	Creativo
Dramatisch	Drammatico
Gezond	Sano
Hongerig	Affamato
Interessant	Interessante
Moe	Stanco
Natuurlijk	Naturale
Nieuw	Nuovo
Normaal	Normale
Productief	Produttivo
Slaperig	Assonnato
Sterk	Forte
Trots	Orgoglioso
Verantwoordelijk	Responsabile
Wild	Selvaggio
Zout	Salato
Zuiver	Puro

Biologie
Biologia

Ademhaling	Respirazione
Anatomie	Anatomia
Cel	Cellula
Chromosoom	Cromosoma
Collageen	Collagene
Eiwit	Proteina
Embryo	Embrione
Enzym	Enzima
Evolutie	Evoluzione
Fotosynthese	Fotosintesi
Hormoon	Ormone
Mutatie	Mutazione
Natuurlijk	Naturale
Neuron	Neurone
Osmose	Osmosi
Reptiel	Rettile
Symbiose	Simbiosi
Synaps	Sinapsi
Zenuw	Nervo
Zoogdier	Mammifero

Bloemen
Fiori

Bloemblad	Petalo
Boeket	Mazzo
Gardenia	Gardenia
Hibiscus	Ibisco
Jasmijn	Gelsomino
Klaver	Trifoglio
Lavendel	Lavanda
Lelie	Giglio
Lila	Lilla
Madeliefje	Margherita
Magnolia	Magnolia
Narcis	Narciso
Orchidee	Orchidea
Papaver	Papavero
Passiebloem	Passiflora
Pioenroos	Peonia
Plumeria	Plumeria
Roos	Rosa
Tulp	Tulipano
Zonnebloem	Girasole

Boeken
Libri

Auteur	Autore
Avontuur	Avventura
Bladzijde	Pagina
Collectie	Collezione
Context	Contesto
Dualiteit	Dualità
Episch	Epico
Geschreven	Scritto
Historisch	Storico
Humoristisch	Umoristico
Inventief	Inventivo
Karakter	Carattere
Lezer	Lettore
Literair	Letterario
Poëzie	Poesia
Relevant	Rilevante
Roman	Romanzo
Tragisch	Tragico
Verhaal	Storia
Verteller	Narratore

Boerderij #1
Fattoria #1

Bij	Ape
Ezel	Asino
Geit	Capra
Hek	Recinto
Hond	Cane
Honing	Miele
Hooi	Fieno
Kalf	Vitello
Kat	Gatto
Kip	Pollo
Koe	Mucca
Kraai	Corvo
Kudde	Gregge
Landbouw	Agricoltura
Mest	Fertilizzante
Paard	Cavallo
Rijst	Riso
Veld	Campo
Water	Acqua
Zaden	Semi

Boerderij #2
Fattoria #2

Bijenkorf	Alveare
Boer	Agricoltore
Boomgaard	Frutteto
Dieren	Animali
Eend	Anatra
Fruit	Frutta
Gerst	Orzo
Groente	Verdura
Herder	Pastore
Irrigatie	Irrigazione
Lam	Agnello
Lama	Lama
Maïs	Mais
Melk	Latte
Schaap	Pecora
Schuur	Fienile
Tarwe	Grano
Tractor	Trattore
Voedsel	Cibo
Weide	Prato

Boten
Imbarcazioni

Anker	Ancora
Bemanning	Equipaggio
Boei	Boa
Dok	Dock
Golven	Onde
Jacht	Yacht
Kajak	Kayak
Kano	Canoa
Maritiem	Marittimo
Mast	Albero
Meer	Lago
Motor	Motore
Nautisch	Nautico
Oceaan	Oceano
Rivier	Fiume
Touw	Corda
Veerboot	Traghetto
Vlot	Zattera
Zee	Mare
Zeilboot	Barca a Vela

Camping
Campeggio

Avontuur	Avventura
Berg	Montagna
Bomen	Alberi
Bos	Foresta
Brand	Fuoco
Cabine	Cabina
Dieren	Animali
Hangmat	Amaca
Hoed	Cappello
Insect	Insetto
Jacht	Caccia
Kaart	Mappa
Kano	Canoa
Kompas	Bussola
Lantaarn	Lanterna
Maan	Luna
Meer	Lago
Natuur	Natura
Tent	Tenda
Touw	Corda

Chemie
Chimica

Alkalisch	Alcalino
Chloor	Cloro
Elektron	Elettrone
Enzym	Enzima
Gas	Gas
Gewicht	Peso
Ion	Ione
Katalysator	Catalizzatore
Koolstof	Carbonio
Metalen	Metalli
Molecuul	Molecola
Organisch	Organico
Reactie	Reazione
Temperatuur	Temperatura
Vloeistof	Liquido
Warmte	Calore
Waterstof	Idrogeno
Zout	Sale
Zuur	Acido
Zuurstof	Ossigeno

Chocolade
Cioccolato

Antioxidant	Antiossidante
Aroma	Aroma
Bitter	Amaro
Cacao	Cacao
Calorieën	Calorie
Exotisch	Esotico
Favoriet	Preferito
Heerlijk	Delizioso
Ingrediënt	Ingrediente
Karamel	Caramello
Kokosnoot	Noce di Cocco
Kwaliteit	Qualità
Pinda'S	Arachidi
Poeder	Polvere
Recept	Ricetta
Smaak	Gusto
Snoep	Caramella
Suiker	Zucchero
Verlangen	Brama
Zoet	Dolce

Creativiteit
Creatività

Artistiek	Artistico
Beeld	Immagine
Dramatisch	Drammatico
Echtheid	Autenticità
Emoties	Emozioni
Gevoel	Sensazione
Gevoelens	Sentimenti
Helderheid	Chiarezza
Indruk	Impressione
Inspiratie	Ispirazione
Intensiteit	Intensità
Intuïtie	Intuizione
Inventief	Inventivo
Spontaan	Spontaneo
Uitdrukking	Espressione
Vaardigheid	Abilità
Verbeelding	Immaginazione
Visioenen	Visioni
Vitaliteit	Vitalità
Vloeibaarheid	Fluidità

Dagen en Maanden
Giorni e Mesi

Augustus	Agosto
Dinsdag	Martedì
Donderdag	Giovedì
Februari	Febbraio
Jaar	Anno
Januari	Gennaio
Juli	Luglio
Juni	Giugno
Kalender	Calendario
Maand	Mese
Maandag	Lunedì
Maart	Marzo
November	Novembre
Oktober	Ottobre
September	Settembre
Vrijdag	Venerdì
Week	Settimana
Woensdag	Mercoledì
Zaterdag	Sabato
Zondag	Domenica

Dans
Danza

Academie	Accademia
Beweging	Movimento
Blij	Gioioso
Choreografie	Coreografia
Cultureel	Culturale
Cultuur	Cultura
Emotie	Emozione
Expressief	Espressivo
Genade	Grazia
Houding	Postura
Klassiek	Classico
Kunst	Arte
Lichaam	Corpo
Muziek	Musica
Partner	Compagno
Repetitie	Prova
Ritme	Ritmo
Springen	Salto
Traditioneel	Tradizionale
Visueel	Visivo

De Media
I Media

Advertenties	Pubblicità
Commercieel	Commerciale
Communicatie	Comunicazione
Digitaal	Digitale
Editie	Edizione
Feiten	Fatti
Financiering	Finanziamento
Individueel	Individuale
Industrie	Industria
Intellectueel	Intellettuale
Kranten	Giornali
Lokaal	Locale
Mening	Opinione
Netwerk	Rete
Onderwijs	Educazione
Online	Online
Publiek	Pubblico
Radio	Radio
Televisie	Televisione
Tijdschriften	Riviste

Diplomatie
Diplomazia

Adviseur	Consigliere
Ambassade	Ambasciata
Ambassadeur	Ambasciatore
Burgers	Cittadini
Conflict	Conflitto
Diplomatiek	Diplomatico
Discussie	Discussione
Ethiek	Etica
Gemeenschap	Comunità
Gerechtigheid	Giustizia
Humanitair	Umanitario
Integriteit	Integrità
Oplossing	Soluzione
Politiek	Politica
Regering	Governo
Resolutie	Risoluzione
Samenwerking	Cooperazione
Talen	Lingue
Veiligheid	Sicurezza
Verdrag	Trattato

Ecologie
Ecologia

Bergen	Montagne
Diversiteit	Diversità
Droogte	Siccità
Duurzaam	Sostenibile
Fauna	Fauna
Flora	Flora
Gemeenschappen	Comunità
Globaal	Globale
Habitat	Habitat
Klimaat	Clima
Marinier	Marino
Moeras	Palude
Natuur	Natura
Natuurlijk	Naturale
Overleving	Sopravvivenza
Planten	Piante
Soort	Specie
Variëteit	Varietà
Vegetatie	Vegetazione
Vrijwilligers	Volontari

Emoties
Emozioni

Angst	Paura
Beschaamd	Imbarazzato
Dankbaar	Grato
Droefheid	Tristezza
Gelukzaligheid	Beatitudine
Inhoud	Contenuto
Kalm	Calma
Liefde	Amore
Ontspannen	Rilassato
Opgewonden	Eccitato
Rust	Tranquillità
Sympathie	Simpatia
Tederheid	Tenerezza
Tevreden	Soddisfatto
Verrassing	Sorpresa
Verveling	Noia
Vrede	Pace
Vreugde	Gioia
Vriendelijkheid	Gentilezza
Woede	Rabbia

Energie
Energia

Accu	Batteria
Benzine	Benzina
Brandstof	Carburante
Diesel	Diesel
Elektrisch	Elettrico
Elektron	Elettrone
Entropie	Entropia
Foton	Fotone
Hernieuwbaar	Rinnovabile
Industrie	Industria
Koolstof	Carbonio
Motor	Motore
Nucleair	Nucleare
Omgeving	Ambiente
Stoom	Vapore
Turbine	Turbina
Vervuiling	Inquinamento
Warmte	Calore
Waterstof	Idrogeno
Wind	Vento

Engineering
Ingegneria

As	Asse
Berekening	Calcolo
Beweging	Movimento
Bouw	Costruzione
Diagram	Diagramma
Diameter	Diametro
Diepte	Profondità
Diesel	Diesel
Energie	Energia
Hoek	Angolo
Kracht	Forza
Machine	Macchina
Meting	Misurazione
Motor	Motore
Rotatie	Rotazione
Stabiliteit	Stabilità
Structuur	Struttura
Vloeistof	Liquido
Voortstuwing	Propulsione
Wrijving	Attrito

Eten #1
Cibo #1

Aardbei	Fragola
Abrikoos	Albicocca
Basilicum	Basilico
Citroen	Limone
Gerst	Orzo
Kaneel	Cannella
Knoflook	Aglio
Melk	Latte
Peer	Pera
Pinda	Arachidi
Salade	Insalata
Sap	Succo
Soep	Minestra
Spinazie	Spinaci
Suiker	Zucchero
Tonijn	Tonno
Ui	Cipolla
Vlees	Carne
Wortel	Carota
Zout	Sale

Eten #2
Cibo #2

Amandel	Mandorla
Ananas	Ananas
Appel	Mela
Asperge	Asparago
Aubergine	Melanzana
Banaan	Banana
Broccoli	Broccolo
Brood	Pane
Druif	Uva
Ei	Uovo
Ham	Prosciutto
Kaas	Formaggio
Kip	Pollo
Kiwi	Kiwi
Perzik	Pesca
Rijst	Riso
Tarwe	Grano
Tomaat	Pomodoro
Vis	Pesce
Yoghurt	Yogurt

Familie
Famiglia

Broer	Fratello
Dochter	Figlia
Grootmoeder	Nonna
Jeugd	Infanzia
Kind	Bambino
Kinderen	Bambini
Kleinzoon	Nipote
Man	Marito
Moeder	Madre
Neef	Nipote
Nicht	Nipote
Oom	Zio
Opa	Nonno
Tante	Zia
Tweeling	Gemelli
Vader	Padre
Vaderlijk	Paterno
Voorouder	Antenato
Vrouw	Moglie
Zus	Sorella

Fruit
Frutta

Abrikoos	Albicocca
Ananas	Ananas
Appel	Mela
Avocado	Avocado
Banaan	Banana
Bes	Bacca
Citroen	Limone
Druif	Uva
Framboos	Lampone
Kers	Ciliegia
Kiwi	Kiwi
Kokosnoot	Noce di Cocco
Mango	Mango
Meloen	Melone
Nectarine	Nettarina
Oranje	Arancia
Papaja	Papaia
Peer	Pera
Perzik	Pesca
Pruim	Prugna

Gebouwen
Edifici

Ambassade	Ambasciata
Appartement	Appartamento
Bioscoop	Cinema
Boerderij	Fattoria
Cabine	Cabina
Fabriek	Fabbrica
Hotel	Hotel
Kasteel	Castello
Laboratorium	Laboratorio
Museum	Museo
Observatorium	Osservatorio
School	Scuola
Schuur	Fienile
Stadion	Stadio
Supermarkt	Supermercato
Tent	Tenda
Theater	Teatro
Toren	Torre
Universiteit	Università
Ziekenhuis	Ospedale

Geografie
Geografia

Atlas	Atlante
Berg	Montagna
Breedtegraad	Latitudine
Continent	Continente
Eiland	Isola
Evenaar	Equatore
Halfrond	Emisfero
Hoogte	Altitudine
Kaart	Mappa
Land	Paese
Meridiaan	Meridiano
Noorden	Nord
Oceaan	Oceano
Regio	Regione
Rivier	Fiume
Stad	Città
Wereld	Mondo
Westen	Ovest
Zee	Mare
Zuiden	Sud

Geologie
Geologia

Aardbeving	Terremoto
Calcium	Calcio
Continent	Continente
Erosie	Erosione
Fossiel	Fossile
Geiser	Geyser
Gesmolten	Fuso
Grot	Caverna
Koraal	Corallo
Kristallen	Cristalli
Kwarts	Quarzo
Laag	Strato
Lava	Lava
Plateau	Altopiano
Stalactiet	Stalattite
Steen	Pietra
Vulkaan	Vulcano
Zone	Zona
Zout	Sale
Zuur	Acido

Geometrie
Geometria

Berekening	Calcolo
Cirkel	Cerchio
Curve	Curva
Diameter	Diametro
Dimensie	Dimensione
Driehoek	Triangolo
Hoek	Angolo
Hoogte	Altezza
Horizontaal	Orizzontale
Logica	Logica
Massa	Massa
Mediaan	Mediano
Oppervlak	Superficie
Parallel	Parallelo
Segment	Segmento
Symmetrie	Simmetria
Theorie	Teoria
Vergelijking	Equazione
Verticaal	Verticale
Vierkant	Quadrato

Getallen
Numeri

Acht	Otto
Achttien	Diciotto
Dertien	Tredici
Drie	Tre
Een	Uno
Negen	Nove
Negentien	Diciannove
Nul	Zero
Tien	Dieci
Twaalf	Dodici
Twee	Due
Twintig	Venti
Veertien	Quattordici
Vier	Quattro
Vijf	Cinque
Vijftien	Quindici
Zes	Sei
Zestien	Sedici
Zeven	Sette
Zeventien	Diciassette

Gezondheid en Welzijn #1
Salute e Benessere #1

Actief	Attivo
Apotheek	Farmacia
Bacteriën	Batteri
Behandeling	Trattamento
Breuk	Frattura
Dokter	Medico
Gewoonte	Abitudine
Honger	Fame
Hoogte	Altezza
Hormonen	Ormoni
Huid	Pelle
Kliniek	Clinica
Letsel	Lesione
Medicijn	Medicina
Ontspanning	Rilassamento
Reflex	Riflesso
Spieren	Muscoli
Therapie	Terapia
Virus	Virus
Zenuwen	Nervi

Gezondheid en Welzijn #2
Salute e Benessere #2

Allergie	Allergia
Anatomie	Anatomia
Bloed	Sangue
Calorie	Caloria
Dieet	Dieta
Energie	Energia
Genetica	Genetica
Gewicht	Peso
Gezond	Sano
Herstel	Recupero
Hygiëne	Igiene
Infectie	Infezione
Lichaam	Corpo
Massage	Massaggio
Spijsvertering	Digestione
Stress	Stress
Vitamine	Vitamina
Voeding	Nutrizione
Ziekenhuis	Ospedale
Ziekte	Malattia

Groenten
Verdure

Artisjok	Carciofo
Aubergine	Melanzana
Broccoli	Broccolo
Erwt	Pisello
Gember	Zenzero
Knoflook	Aglio
Komkommer	Cetriolo
Olijf	Oliva
Paddestoel	Fungo
Peterselie	Prezzemolo
Pompoen	Zucca
Raap	Rapa
Radijs	Ravanello
Salade	Insalata
Selderij	Sedano
Sjalot	Scalogno
Spinazie	Spinaci
Tomaat	Pomodoro
Ui	Cipolla
Wortel	Carota

Haartypes
Tipi di Capelli

Blond	Biondo
Bruin	Marrone
Dik	Spessore
Droog	Asciutto
Dun	Sottile
Gekleurd	Colorato
Gevlochten	Intrecciato
Gezond	Sano
Glimmend	Lucido
Golvend	Ondulato
Grijs	Grigio
Kaal	Calvo
Kort	Breve
Krullen	Riccioli
Krullend	Riccio
Lang	Lungo
Wit	Bianco
Zacht	Morbido
Zilver	Argento
Zwart	Nero

Herbalisme
Erboristeria

Aromatisch	Aromatico
Basilicum	Basilico
Bloem	Fiore
Culinair	Culinario
Dille	Aneto
Dragon	Dragoncello
Groen	Verde
Ingrediënt	Ingrediente
Knoflook	Aglio
Kwaliteit	Qualità
Lavendel	Lavanda
Marjolein	Maggiorana
Oregano	Origano
Peterselie	Prezzemolo
Rozemarijn	Rosmarino
Saffraan	Zafferano
Smaak	Gusto
Tijm	Timo
Tuin	Giardino
Venkel	Finocchio

Het Bedrijf
L'Azienda

Beslissing	Decisione
Creatief	Creativo
Eenheden	Unità
Genereren	Generare
Globaal	Globale
Industrie	Industria
Inkomsten	Reddito
Innovatief	Innovativo
Investering	Investimento
Kwaliteit	Qualità
Loon	Salari
Mogelijkheid	Possibilità
Presentatie	Presentazione
Product	Prodotto
Professioneel	Professionale
Reputatie	Reputazione
Risico'S	Rischi
Trends	Tendenze
Vooruitgang	Progresso
Werkgelegenheid	Occupazione

Huis
Casa

Bezem	Scopa
Bibliotheek	Biblioteca
Dak	Tetto
Deur	Porta
Douche	Doccia
Garage	Garage
Haard	Camino
Hek	Recinto
Kamer	Camera
Kelder	Scantinato
Keuken	Cucina
Lamp	Lampada
Meubilair	Mobilio
Muur	Parete
Plafond	Soffitto
Spiegel	Specchio
Tapijt	Tappeto
Trap	Scale
Tuin	Giardino
Zolder	Attico

Installaties
Piante

Bamboe	Bambù
Bes	Bacca
Blad	Foglia
Bloem	Fiore
Bloesem	Fiorire
Boom	Albero
Boon	Fagiolo
Bos	Foresta
Cactus	Cactus
Flora	Flora
Gebladerte	Fogliame
Gras	Erba
Klimop	Edera
Mest	Fertilizzante
Mos	Muschio
Plantkunde	Botanica
Struik	Cespuglio
Tuin	Giardino
Vegetatie	Vegetazione
Wortel	Radice

Jazz
Jazz

Album	Album
Applaus	Applauso
Artiest	Artista
Beroemd	Famoso
Componist	Compositore
Concert	Concerto
Favorieten	Preferiti
Genre	Genere
Invloed	Influenze
Lied	Canzone
Muziek	Musica
Nadruk	Enfasi
Nieuw	Nuovo
Orkest	Orchestra
Oud	Vecchio
Ritme	Ritmo
Samenstelling	Composizione
Stijl	Stile
Talent	Talento
Techniek	Tecnica

Keuken
Cucina

Cup	Tazze
Eetstokjes	Bacchette
Grill	Griglia
Ketel	Bollitore
Koelkast	Frigorifero
Kom	Ciotola
Kruik	Brocca
Lepels	Cucchiai
Messen	Coltelli
Oven	Forno
Pollepel	Mestolo
Pot	Vaso
Recept	Ricetta
Schort	Grembiule
Servet	Tovagliolo
Specerijen	Spezie
Spons	Spugna
Voedsel	Cibo
Vorken	Forchette
Vriezer	Congelatore

Kleding
Vestiti

Armband	Braccialetto
Blouse	Camicetta
Broek	Pantaloni
Handschoenen	Guanti
Hoed	Cappello
Jas	Cappotto
Jasje	Giacca
Jurk	Abito
Ketting	Collana
Mode	Moda
Pyjama	Pigiama
Riem	Cintura
Rok	Gonna
Sandalen	Sandali
Schoen	Scarpa
Schort	Grembiule
Shirt	Camicia
Sjaal	Sciarpa
Sokken	Calzini
Trui	Maglione

Koffie
Caffè

Aroma	Aroma
Beker	Tazza
Bitter	Amaro
Cafeïne	Caffeina
Drank	Bevanda
Filter	Filtro
Geroosterd	Arrostito
Malen	Macinare
Melk	Latte
Ochtend	Mattina
Oorsprong	Origine
Prijs	Prezzo
Room	Crema
Smaak	Gusto
Suiker	Zucchero
Variëteit	Varietà
Vloeistof	Liquido
Water	Acqua
Zuur	Acido
Zwart	Nero

Kracht en Zwaartekracht
Forza e Gravità

Afstand	Distanza
As	Asse
Baan	Orbita
Beweging	Movimento
Centrum	Centro
Druk	Pressione
Dynamisch	Dinamico
Eigendommen	Proprietà
Gewicht	Peso
Impact	Impatto
Magnetisme	Magnetismo
Mechanica	Meccanica
Natuurkunde	Fisica
Ontdekking	Scoperta
Planeten	Pianeti
Snelheid	Velocità
Tijd	Tempo
Uitbreiding	Espansione
Universeel	Universale
Wrijving	Attrito

Kunst
Arte

Beeldhouwwerk	Scultura
Complex	Complesso
Creëren	Creare
Eenvoudig	Semplice
Eerlijk	Onesto
Figuur	Figura
Geïnspireerd	Ispirato
Humeur	Umore
Keramisch	Ceramica
Onderwerp	Soggetto
Origineel	Originale
Persoonlijk	Personale
Poëzie	Poesia
Portretteren	Ritrarre
Samenstelling	Composizione
Schilderijen	Dipinti
Surrealisme	Surrealismo
Symbool	Simbolo
Uitdrukking	Espressione
Visueel	Visivo

Kunstbenodigdheden
Forniture Artistiche

Acryl	Acrilico
Aquarellen	Acquerelli
Borstels	Spazzole
Camera	Telecamera
Creativiteit	Creatività
Ezel	Cavalletto
Gom	Gomma
Houtskool	Carbone
Inkt	Inchiostro
Klei	Argilla
Kleuren	Colori
Lijm	Colla
Olie	Olio
Papier	Carta
Pastel	Pastelli
Potloden	Matite
Stoel	Sedia
Tafel	Tavolo
Verf	Vernici
Water	Acqua

Landen #1
Paesi #1

België	Belgio
Brazilië	Brasile
Cambodja	Cambogia
Canada	Canada
Chili	Cile
Duitsland	Germania
Egypte	Egitto
Irak	Iraq
Israël	Israele
Italië	Italia
Letland	Lettonia
Libië	Libia
Marokko	Marocco
Nicaragua	Nicaragua
Noorwegen	Norvegia
Panama	Panama
Polen	Polonia
Roemenië	Romania
Senegal	Senegal
Spanje	Spagna

Landen #2
Paesi #2

Denemarken	Danimarca
Ethiopië	Etiopia
Frankrijk	Francia
Griekenland	Grecia
Ierland	Irlanda
Indonesië	Indonesia
Japan	Giappone
Kenia	Kenya
Laos	Laos
Libanon	Libano
Liberia	Liberia
Maleisië	Malaysia
Mexico	Messico
Nepal	Nepal
Nigeria	Nigeria
Oeganda	Uganda
Oekraïne	Ucraina
Rusland	Russia
Somalië	Somalia
Syrië	Siria

Landschappen
Paesaggi

Berg	Montagna
Eiland	Isola
Geiser	Geyser
Gletsjer	Ghiacciaio
Grot	Grotta
Heuvel	Collina
Ijsberg	Iceberg
Meer	Lago
Moeras	Palude
Oase	Oasi
Oceaan	Oceano
Rivier	Fiume
Schiereiland	Penisola
Strand	Spiaggia
Toendra	Tundra
Vallei	Valle
Vulkaan	Vulcano
Waterval	Cascata
Woestijn	Deserto
Zee	Mare

Literatuur
Letteratura

Analogie	Analogia
Analyse	Analisi
Anekdote	Aneddoto
Auteur	Autore
Biografie	Biografia
Conclusie	Conclusione
Dialoog	Dialogo
Fictie	Finzione
Gedicht	Poesia
Mening	Opinione
Metafoor	Metafora
Poëtisch	Poetico
Rijm	Rima
Ritme	Ritmo
Roman	Romanzo
Stijl	Stile
Thema	Tema
Tragedie	Tragedia
Vergelijking	Confronto
Verteller	Narratore

Meditatie
Meditazione

Aandacht	Attenzione
Aanvaarding	Accettazione
Ademhaling	Respirazione
Beweging	Movimento
Dankbaarheid	Gratitudine
Emoties	Emozioni
Gedachten	Pensieri
Geluk	Felicità
Helderheid	Chiarezza
Houding	Postura
Mededogen	Compassione
Mentaal	Mentale
Muziek	Musica
Natuur	Natura
Observatie	Osservazione
Perspectief	Prospettiva
Stilte	Silenzio
Vrede	Pace
Vriendelijkheid	Gentilezza
Wakker	Sveglio

Meer Informatie
Fantascienza

Bioscoop	Cinema
Boeken	Libri
Brand	Fuoco
Denkbeeldig	Immaginario
Dystopie	Distopia
Explosie	Esplosione
Extreem	Estremo
Fantastisch	Fantastico
Futuristisch	Futuristico
Illusie	Illusione
Mysterieus	Misterioso
Orakel	Oracolo
Planeet	Pianeta
Realistisch	Realistico
Robots	Robot
Scenario	Scenario
Sterrenstelsel	Galassia
Technologie	Tecnologia
Utopie	Utopia
Wereld	Mondo

Menselijk Lichaam
Corpo Umano

Been	Gamba
Bloed	Sangue
Elleboog	Gomito
Enkel	Caviglia
Hand	Mano
Hart	Cuore
Hersenen	Cervello
Hoofd	Testa
Huid	Pelle
Kaak	Mascella
Kin	Mento
Knie	Ginocchio
Maag	Stomaco
Mond	Bocca
Nek	Collo
Neus	Naso
Oor	Orecchio
Schouder	Spalla
Tong	Lingua
Vinger	Dito

Metingen
Misurazioni

Breedte	Larghezza
Byte	Byte
Centimeter	Centimetro
Decimaal	Decimale
Diepte	Profondità
Gewicht	Peso
Gram	Grammo
Hoogte	Altezza
Inch	Pollice
Kilogram	Chilogrammo
Kilometer	Chilometro
Lengte	Lunghezza
Liter	Litro
Massa	Massa
Meter	Metro
Minuut	Minuto
Ons	Oncia
Pint	Pinta
Ton	Tonnellata
Volume	Volume

Mode
Moda

Afmetingen	Misure
Bescheiden	Modesto
Borduurwerk	Ricamo
Comfortabel	Confortevole
Duur	Caro
Eenvoudig	Semplice
Elegant	Elegante
Kant	Pizzo
Kleding	Abbigliamento
Knop	Pulsanti
Minimalistisch	Minimalista
Modern	Moderno
Origineel	Originale
Patroon	Modello
Praktisch	Pratico
Stijl	Stile
Stof	Tessuto
Textuur	Trama
Trend	Tendenza
Winkel	Boutique

Muziek
Musica

Album	Album
Ballade	Ballata
Harmonie	Armonia
Improviseren	Improvvisare
Instrument	Strumento
Klassiek	Classico
Koor	Coro
Lyrisch	Lirico
Melodie	Melodia
Microfoon	Microfono
Muzikaal	Musicale
Muzikant	Musicista
Opera	Opera
Opname	Registrazione
Poëtisch	Poetico
Ritme	Ritmo
Ritmisch	Ritmico
Tempo	Tempo
Zanger	Cantante
Zingen	Cantare

Muziekinstrumenten
Strumenti Musicali

Banjo	Banjo
Cello	Violoncello
Fagot	Fagotto
Fluit	Flauto
Gitaar	Chitarra
Gong	Gong
Harp	Arpa
Hobo	Oboe
Klarinet	Clarinetto
Mandoline	Mandolino
Marimba	Marimba
Mondharmonica	Armonica
Percussie	Percussione
Piano	Pianoforte
Saxofoon	Sassofono
Tamboerijn	Tamburello
Trombone	Trombone
Trommel	Tamburo
Trompet	Tromba
Viool	Violino

Mythologie
Mitologia

Archetype	Archetipo
Bliksem	Fulmine
Creatie	Creazione
Cultuur	Cultura
Donder	Tuono
Doolhof	Labirinto
Gedrag	Comportamento
Held	Eroe
Heldin	Eroina
Hemel	Paradiso
Jaloezie	Gelosia
Kracht	Forza
Krijger	Guerriero
Legende	Leggenda
Monster	Mostro
Onsterfelijkheid	Immortalità
Ramp	Disastro
Sterfelijk	Mortale
Wezen	Creatura
Wraak	Vendetta

Natuur
Natura

Arctisch	Artico
Bijen	Api
Bos	Foresta
Dieren	Animali
Dynamisch	Dinamico
Erosie	Erosione
Gebladerte	Fogliame
Gletsjer	Ghiacciaio
Heiligdom	Santuario
Klippen	Scogliere
Mist	Nebbia
Rivier	Fiume
Schoonheid	Bellezza
Schuilplaats	Rifugio
Sereen	Sereno
Tropisch	Tropicale
Vitaal	Vitale
Wild	Selvaggio
Woestijn	Deserto
Wolken	Nuvole

Natuurkunde
Fisica

Atoom	Atomo
Chaos	Caos
Chemisch	Chimico
Deeltje	Particella
Dichtheid	Densità
Elektron	Elettrone
Experiment	Esperimento
Formule	Formula
Frequentie	Frequenza
Gas	Gas
Magnetisme	Magnetismo
Massa	Massa
Mechanica	Meccanica
Molecuul	Molecola
Motor	Motore
Relativiteit	Relatività
Snelheid	Velocità
Universeel	Universale
Versnelling	Accelerazione
Zwaartekracht	Gravità

Oceaan
Oceano

Aal	Anguilla
Algen	Alghe
Boot	Barca
Dolfijn	Delfino
Garnaal	Gamberetto
Getijden	Maree
Haai	Squalo
Koraal	Corallo
Krab	Granchio
Kwal	Medusa
Octopus	Polpo
Oester	Ostrica
Rif	Scogliera
Schildpad	Tartaruga
Spons	Spugna
Storm	Tempesta
Tonijn	Tonno
Vis	Pesce
Walvis	Balena
Zout	Sale

Opwarming van de Aarde
Riscaldamento Globale

Aandacht	Attenzione
Arctisch	Artico
Crisis	Crisi
Energie	Energia
Gas	Gas
Gegevens	Dati
Generaties	Generazioni
Gevolgen	Conseguenze
Industrie	Industria
Klimaat	Clima
Mensen	Umani
Milieu	Ambientale
Nu	Ora
Ontwikkeling	Sviluppo
Regering	Governo
Temperaturen	Temperature
Toekomst	Futuro
Veranderingen	Cambiamenti
Wetenschapper	Scienziato
Wetgeving	Legislazione

Overheid
Governo

Burgerschap	Cittadinanza
Civiel	Civile
Democratie	Democrazia
Discussie	Discussione
Gelijkheid	Uguaglianza
Gerechtelijk	Giudiziario
Gerechtigheid	Giustizia
Grondwet	Costituzione
Leider	Capo
Monument	Monumento
Natie	Nazione
Nationaal	Nazionale
Politiek	Politica
Rechten	Diritti
Staat	Stato
Symbool	Simbolo
Toespraak	Discorso
Vrijheid	Libertà
Wet	Legge
Wijk	Quartiere

Psychologie
Psicologia

Afspraak	Appuntamento
Beoordeling	Valutazione
Bewusteloos	Inconscio
Cognitie	Cognizione
Conflict	Conflitto
Dromen	Sogni
Ego	Ego
Emoties	Emozioni
Ervaringen	Esperienze
Gedachten	Pensieri
Gedrag	Comportamento
Gevoel	Sensazione
Invloed	Influenze
Jeugd	Infanzia
Klinisch	Clinico
Perceptie	Percezione
Persoonlijkheid	Personalità
Probleem	Problema
Realiteit	Realtà
Therapie	Terapia

Regenwoud
Foresta Pluviale

Amfibieën	Anfibi
Behoud	Preservazione
Botanisch	Botanico
Diversiteit	Diversità
Gemeenschap	Comunità
Inheems	Indigeno
Insecten	Insetti
Jungle	Giungla
Klimaat	Clima
Mos	Muschio
Natuur	Natura
Overleving	Sopravvivenza
Respect	Rispetto
Restauratie	Restauro
Soort	Specie
Toevlucht	Rifugio
Vogels	Uccelli
Waardevol	Prezioso
Wolken	Nuvole
Zoogdieren	Mammiferi

Restaurant #1
Ristorante #1

Allergie	Allergia
Bord	Piatto
Brood	Pane
Eten	Mangiare
Ingrediënten	Ingredienti
Kassier	Cassiere
Keuken	Cucina
Kip	Pollo
Koffie	Caffè
Kom	Ciotola
Menu	Menù
Mes	Coltello
Pittig	Piccante
Reservering	Prenotazione
Saus	Salsa
Serveerster	Cameriera
Servet	Tovagliolo
Toetje	Dessert
Vlees	Carne
Voedsel	Cibo

Restaurant #2
Ristorante #2

Cake	Torta
Diner	Cena
Drank	Bevanda
Eieren	Uova
Fruit	Frutta
Groente	Verdure
Heerlijk	Delizioso
Ijs	Ghiaccio
Lepel	Cucchiaio
Lunch	Pranzo
Ober	Cameriere
Salade	Insalata
Soep	Minestra
Specerijen	Spezie
Stoel	Sedia
Vis	Pesce
Voorgerecht	Aperitivo
Vork	Forchetta
Water	Acqua
Zout	Sale

Rijden
Guida

Auto	Auto
Brandstof	Carburante
Garage	Garage
Gas	Gas
Gevaar	Pericolo
Kaart	Mappa
Licentie	Licenza
Motor	Motore
Motorfiets	Moto
Ongeluk	Incidente
Politie	Polizia
Remmen	Freni
Snelheid	Velocità
Tunnel	Tunnel
Veiligheid	Sicurezza
Verkeer	Traffico
Vervoer	Trasporto
Voetganger	Pedonale
Vrachtauto	Camion
Weg	Strada

Schaken
Scacchi

Diagonaal	Diagonale
Kampioen	Campione
Koning	Re
Koningin	Regina
Leren	Per Imparare
Offer	Sacrificio
Passief	Passivo
Punten	Punti
Reglement	Regole
Slim	Intelligente
Spel	Gioco
Speler	Giocatore
Strategie	Strategia
Tegenstander	Avversario
Tijd	Tempo
Toernooi	Torneo
Uitdagingen	Sfide
Wedstrijd	Concorso
Wit	Bianco
Zwart	Nero

Schoonheid
Bellezza

Charme	Fascino
Cosmetica	Cosmetici
Diensten	Servizi
Elegant	Elegante
Elegantie	Eleganza
Fotogeniek	Fotogenico
Genade	Grazia
Geur	Fragranza
Glad	Liscio
Huid	Pelle
Kleur	Colore
Krullen	Riccioli
Lippenstift	Rossetto
Mascara	Mascara
Producten	Prodotti
Schaar	Forbici
Shampoo	Shampoo
Spiegel	Specchio
Stilist	Stilista
Verzinnen	Trucco

Specerijen
Spezie

Anijs	Anice
Bitter	Amaro
Fenegriek	Fieno Greco
Gember	Zenzero
Kaneel	Cannella
Kardemom	Cardamomo
Kerrie	Curry
Knoflook	Aglio
Komijn	Cumino
Koriander	Coriandolo
Nootmuskaat	Noce Moscata
Paprika	Paprika
Peper	Pepe
Saffraan	Zafferano
Smaak	Gusto
Ui	Cipolla
Vanille	Vaniglia
Venkel	Finocchio
Zoet	Dolce
Zout	Sale

Stad
Città

Apotheek	Farmacia
Bakkerij	Panetteria
Bank	Banca
Bibliotheek	Biblioteca
Bioscoop	Cinema
Bloemist	Fiorista
Boekhandel	Libreria
Dierentuin	Zoo
Galerij	Galleria
Hotel	Hotel
Kliniek	Clinica
Luchthaven	Aeroporto
Markt	Mercato
Museum	Museo
School	Scuola
Stadion	Stadio
Supermarkt	Supermercato
Theater	Teatro
Universiteit	Università
Winkel	Negozio

Tijd
Tempo

Dag	Giorno
Decennium	Decennio
Eeuw	Secolo
Gisteren	Ieri
Jaar	Anno
Jaarlijks	Annuale
Kalender	Calendario
Klok	Orologio
Maand	Mese
Middag	Mezzogiorno
Minuut	Minuto
Morgen	Domani
Na	Dopo
Nacht	Notte
Ochtend	Mattina
Toekomst	Futuro
Uur	Ora
Vandaag	Oggi
Vroeg	Presto
Week	Settimana

Tuin
Giardino

Bank	Panca
Bloem	Fiore
Boom	Albero
Boomgaard	Frutteto
Garage	Garage
Gazon	Prato
Gras	Erba
Hangmat	Amaca
Hark	Rastrello
Hek	Recinto
Onkruid	Erbacce
Rotsen	Rocce
Schop	Pala
Slang	Tubo
Struik	Cespuglio
Terras	Terrazza
Trampoline	Trampolino
Tuin	Giardino
Vijver	Stagno
Wijnstok	Vite

Tuinieren
Giardinaggio

Blad	Foglia
Bloemen	Floreale
Bloesem	Fiorire
Bodem	Suolo
Boeket	Mazzo
Boomgaard	Frutteto
Botanisch	Botanico
Compost	Compost
Container	Contenitore
Eetbaar	Commestibile
Exotisch	Esotico
Gebladerte	Fogliame
Klimaat	Clima
Seizoensgebonden	Stagionale
Slang	Tubo
Soort	Specie
Vocht	Umidità
Vuil	Sporco
Water	Acqua
Zaden	Semi

Universum
Universo

Asteroïde	Asteroide
Astronomie	Astronomia
Astronoom	Astronomo
Atmosfeer	Atmosfera
Baan	Orbita
Breedtegraad	Latitudine
Dierenriem	Zodiaco
Duisternis	Buio
Evenaar	Equatore
Halfrond	Emisfero
Hemel	Cielo
Horizon	Orizzonte
Kosmisch	Cosmico
Lengtegraad	Longitudine
Maan	Luna
Sterrenstelsel	Galassia
Telescoop	Telescopio
Zichtbaar	Visibile
Zonne	Solare
Zonnewende	Solstizio

Vakantie #2
Vacanze #2

Bestemming	Destinazione
Buitenlander	Straniero
Eiland	Isola
Hotel	Hotel
Kaart	Mappa
Kamperen	Campeggio
Luchthaven	Aeroporto
Paspoort	Passaporto
Reis	Viaggio
Reserveringen	Prenotazioni
Restaurant	Ristorante
Strand	Spiaggia
Taxi	Taxi
Tent	Tenda
Trein	Treno
Vakantie	Vacanza
Vervoer	Trasporto
Visum	Visto
Vrije Tijd	Tempo Libero
Zee	Mare

Vliegtuigen
Aeroplani

Afdaling	Discesa
Atmosfeer	Atmosfera
Avontuur	Avventura
Ballon	Palloncino
Bemanning	Equipaggio
Bouw	Costruzione
Brandstof	Carburante
Geschiedenis	Storia
Hemel	Cielo
Hoogte	Altezza
Landen	Atterraggio
Lucht	Aria
Motor	Motore
Navigeren	Navigare
Ontwerp	Design
Passagier	Passeggero
Piloot	Pilota
Richting	Direzione
Turbulentie	Turbolenza
Waterstof	Idrogeno

Voeding
Nutrizione

Bitter	Amaro
Calorieën	Calorie
Dieet	Dieta
Eetbaar	Commestibile
Eetlust	Appetito
Eiwitten	Proteine
Evenwichtig	Bilanciato
Fermentatie	Fermentazione
Gewicht	Peso
Gezond	Sano
Gezondheid	Salute
Koolhydraten	Carboidrati
Kwaliteit	Qualità
Saus	Salsa
Smaak	Gusto
Spijsvertering	Digestione
Toxine	Tossina
Vitamine	Vitamina
Vloeistoffen	Liquidi
Voedingsstof	Nutriente

Voertuigen
Veicoli

Ambulance	Ambulanza
Auto	Auto
Banden	Pneumatici
Boot	Barca
Bus	Autobus
Caravan	Caravan
Fiets	Bicicletta
Helikopter	Elicottero
Metro	Metropolitana
Motor	Motore
Onderzeeër	Sottomarino
Raket	Razzo
Scooter	Scooter
Taxi	Taxi
Tractor	Trattore
Trein	Treno
Veerboot	Traghetto
Vliegtuig	Aereo
Vlot	Zattera
Vrachtauto	Camion

Vogels
Uccelli

Duif	Piccione
Eend	Anatra
Ei	Uovo
Flamingo	Fenicottero
Gans	Oca
Havik	Falco
Kip	Pollo
Koekoek	Cuculo
Meeuw	Gabbiano
Mus	Passero
Ooievaar	Cicogna
Papegaai	Pappagallo
Pauw	Pavone
Pelikaan	Pellicano
Pinguïn	Pinguino
Reiger	Airone
Struisvogel	Struzzo
Toekan	Tucano
Uil	Gufo
Zwaan	Cigno

Vormen
Forme

Bol	Sfera
Boog	Arco
Cilinder	Cilindro
Cirkel	Cerchio
Curve	Curva
Driehoek	Triangolo
Hoek	Angolo
Hyperbool	Iperbole
Kant	Lato
Kegel	Cono
Kubus	Cubo
Lijn	Linea
Ovaal	Ovale
Piramide	Piramide
Prisma	Prisma
Randen	Bordi
Rechthoek	Rettangolo
Ronde	Rotondo
Veelhoek	Poligono
Vierkant	Quadrato

Wandelen
Escursionismo

Berg	Montagna
Dieren	Animali
Gevaren	Pericoli
Kaart	Mappa
Kamperen	Campeggio
Klif	Scogliera
Klimaat	Clima
Laarzen	Stivali
Moe	Stanco
Muggen	Zanzare
Natuur	Natura
Oriëntatie	Orientamento
Parken	Parchi
Stenen	Pietre
Top	Vertice
Voorbereiding	Preparazione
Water	Acqua
Wild	Selvaggio
Zon	Sole
Zwaar	Pesante

Wetenschap
Scienza

Atoom	Atomo
Chemisch	Chimico
Deeltjes	Particelle
Evolutie	Evoluzione
Experiment	Esperimento
Feit	Fatto
Fossiel	Fossile
Gegevens	Dati
Hypothese	Ipotesi
Klimaat	Clima
Laboratorium	Laboratorio
Methode	Metodo
Mineralen	Minerali
Moleculen	Molecole
Natuur	Natura
Natuurkunde	Fisica
Observatie	Osservazione
Organisme	Organismo
Wetenschapper	Scienziato
Zwaartekracht	Gravità

Wetenschappelijke Discip
Discipline Scientifiche

Anatomie	Anatomia
Archeologie	Archeologia
Astronomie	Astronomia
Biochemie	Biochimica
Biologie	Biologia
Chemie	Chimica
Ecologie	Ecologia
Fysiologie	Fisiologia
Geologie	Geologia
Immunologie	Immunologia
Mechanica	Meccanica
Meteorologie	Meteorologia
Mineralogie	Mineralogia
Neurologie	Neurologia
Plantkunde	Botanica
Psychologie	Psicologia
Robotica	Robotica
Sociologie	Sociologia
Thermodynamica	Termodinamica
Voeding	Nutrizione

Wiskunde
Matematica

Bol	Sfera
Decimaal	Decimale
Diameter	Diametro
Divisie	Divisione
Driehoek	Triangolo
Exponent	Esponente
Fractie	Frazione
Geometrie	Geometria
Hoeken	Angoli
Omtrek	Perimetro
Parallel	Parallelo
Rechthoek	Rettangolo
Rekenkundig	Aritmetica
Som	Somma
Straal	Raggio
Symmetrie	Simmetria
Veelhoek	Poligono
Vergelijking	Equazione
Vierkant	Quadrato
Volume	Volume

Zakelijk
Attività Commerciale

Baas	Capo
Bedrijf	Società
Begroting	Bilancio
Belastingen	Tasse
Carrière	Carriera
Economie	Economia
Fabriek	Fabbrica
Financiën	Finanza
Geld	Soldi
Inkomen	Reddito
Investering	Investimento
Kantoor	Ufficio
Korting	Sconto
Kosten	Costo
Transactie	Transazione
Valuta	Valuta
Verkoop	Vendita
Werknemer	Dipendente
Winkel	Negozio
Winst	Profitto

Ziekte
Malattia

Ademhaling	Respiratorio
Allergieën	Allergie
Bacterieel	Batterico
Besmettelijk	Contagioso
Botten	Ossa
Buik	Addominale
Chronisch	Cronico
Erfelijk	Ereditario
Genetisch	Genetico
Genezing	Guarigione
Gezondheid	Salute
Hart	Cuore
Immuniteit	Immunità
Lichaam	Corpo
Neuropathie	Neuropatia
Ontsteking	Infiammazione
Sinus	Seno
Syndroom	Sindrome
Therapie	Terapia
Zwak	Debole

Zoogdieren
Mammiferi

Aap	Scimmia
Bever	Castoro
Coyote	Coyote
Dolfijn	Delfino
Ezel	Asino
Geit	Capra
Giraf	Giraffa
Gorilla	Gorilla
Hond	Cane
Kameel	Cammello
Kangoeroe	Canguro
Kat	Gatto
Konijn	Coniglio
Leeuw	Leone
Olifant	Elefante
Paard	Cavallo
Stier	Toro
Vos	Volpe
Walvis	Balena
Wolf	Lupo

Gefeliciteerd

Je hebt het gehaald!

We hopen dat u net zoveel plezier beleeft aan dit boek als wij aan het maken ervan. We doen ons best om spellen van hoge kwaliteit te maken.
Deze puzzels zijn op een slimme manier ontworpen zodat je actief kunt leren terwijl je plezier hebt!

Vond je ze mooi?

Een Eenvoudig Verzoek

Onze boeken bestaan dankzij de recensies die zij publiceren.
Kunt u ons helpen door nu een mening achter te laten ?

Hier is een korte link die u naar uw
bestellingen beoordelingspagina.

BestBooksActivity.com/Recensie50

FINAAL UITDAGING!

Uitdaging nr. 1

Klaar voor uw bonusspel? We gebruiken ze de hele tijd, maar ze zijn niet zo gemakkelijk te vinden. Hier zijn **Synoniemen!**

Noteer 5 woorden die je ontdekt hebt in elk van de onderstaande puzzels (nr. 21, nr. 36, nr. 76) en probeer voor elk woord 2 synoniemen te vinden.

Notitie 5 Woorden uit *Puzzle 21*

Woorden	Synoniem 1	Synoniem 2

Notitie 5 Woorden uit *Puzzle 36*

Woorden	Synoniem 1	Synoniem 2

Notitie 5 Woorden uit *Puzzle 76*

Woorden	Synoniem 1	Synoniem 2

Uitdaging nr. 2

Nu je opgewarmd bent, noteer 5 woorden die je ontdekt hebt in elke hieronder genoteerde puzzel (nr. 9, nr. 17, nr. 25) en probeer voor elk woord 2 antoniemen te vinden. Hoeveel regels kan je doen in 20 minuten?

Notitie 5 Woorden uit *Puzzle 9*

Woorden	Antoniem 1	Antoniem 2

Notitie 5 Woorden uit *Puzzle 17*

Woorden	Antoniem 1	Antoniem 2

Notitie 5 Woorden uit *Puzzle 25*

Woorden	Antoniem 1	Antoniem 2

Uitdaging nr. 3

Prachtig, deze finaal uitdaging  is makkelijk voor jou!

Klaar voor de laatste? Kies je 10 favoriete woorden die je in een van de puzzels hebt ontdekt en noteer ze hieronder.

1.	6.
2.	7.
3.	8.
4.	9.
5.	10.

De uitdaging is nu om met deze woorden en binnen een maximum van zes zinnen een tekst te schrijven over een persoon, dier of plaats waar je van houdt!

Tip: U kunt de laatste blanco pagina van dit boek als kladblaadje gebruiken!

Je schrijven:

NOTITIEBOEKJE:

TOT SNEL!

Linguas Classics

GENIET VAN GRATIS SPELLEN

GO

BESTACTIVITYBOOKS.COM/FREEGAMES